子《こ》ども
おもしろ
歳《さい》時《じ》記《き》

金井真紀 文・絵

斉田仁 選句・監修

理論社

はじめに

季語《きご》をたくさん集《あつ》めて、この本をつくりました。季語《きご》とは、季節《きせつ》をあじわうことば。「春《はる》」「夏《なつ》」「秋《あき》」「冬《ふゆ》」「新年《しんねん》」の五つに分類《ぶんるい》されます。俳句《はいく》は季語《きご》を入れてつくるのがルール。ですから、俳句《はいく》をつくるときに、この本をそばにおいておくと便利《べんり》です。このように季語《きご》がたくさんのっている本を「歳時記《さいじき》」といいます。

でも季語《きご》の楽《たの》しみかたはそれだけではありません。季語《きご》には、ひまなとき、元気《げんき》がないときに見ているだけで気持《きも》ちが晴《は》れてくるというすばらしい効果《こうか》があるのです。

たとえば春《はる》の季語《きご》に「桜《さくら》」を見つけると、「春《はる》になるとまたあの公園《こうえん》の桜《さくら》が咲《さ》くんだな、早く春《はる》にならないかな」と思《おも》います。冬《ふゆ》の季語《きご》に「セーター」があると、「そうだ、わたしにはあの赤いセーターがあった！」とお気に入りのセーターを思《おも》いだし、冬《ふゆ》が待《ま》ち遠《どお》しくなるのです。見ているだけで、季節《きせつ》がめぐってくるのが楽《たの》しみになる。季語《きご》ってすごい。

「わはは、なんだこりゃ」と笑《わら》ってしまうおもしろい季語《きご》もあります。「蛙《かわず》の目借時《めかりどき》」

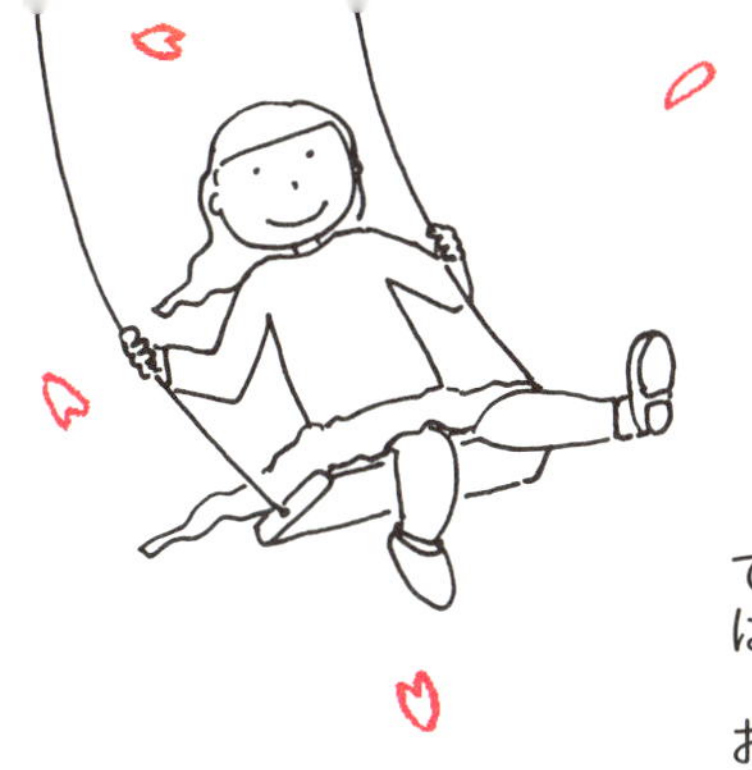

とか「鎌鼬《かまいたち》」とかね。どういう意味《いみ》だろうと気になった人は、ぜひこの本のなかから探《さが》してみてください。

新《あら》たな発見《はっけん》もあります。たとえば「夕焼《ゆうや》け」は夏《なつ》の季語《きご》だと知《し》ったとき、わたしは「おお、そうであったか！」とひざを打《う》ちました。夕焼《ゆうや》けは一年中《いちねんじゅう》いつでもあるけど、たしかに夏《なつ》の夕焼《ゆうや》けがいちばんかっこいい気がする。それからは夏《なつ》の夕焼《ゆうや》けのありがたみが増《ま》して、じっくり見あげるようになりました。季語《きご》を知《し》ると、見慣《みな》れた風景《ふうけい》がなんだか新鮮《しんせん》に見えてくるのです。

鳥《とり》、虫、花、くだもの、ごはんのおかず……身近《みぢか》なものが季語《きご》だと知《し》ると、毎日《まいにち》がとても楽《たの》しくなります。この本を手にとってくれたみなさんが「季語《きご》っていいもんだねぇ」といっしょによろこんでくれたらとてもうれしいです。

では、おもしろい季語《きご》の世界《せかい》、はじまりはじまり〜。

ちょっとその前《まえ》に、この本のつかいかた

季節《きせつ》ごとに、「たのしいこと」「おいしいもの」「おもしろいことば」「おてんき」「くらし」「どうぶつ」「しょくぶつ」に分類《ぶんるい》をしてあります。

まずはさっそく、いまの季節《きせつ》のページを開《ひら》いてみましょう。「おいしいもの」に好《す》きな食《た》べものはあるでしょうか。もしかしたら「どうぶつ」にちょっと苦手《にがて》な虫がでてくるかもしれません。好《す》きでも嫌《きら》いでも、気持《きも》ちがざわざわっとゆれたら、その季語《きご》をつかって俳句《はいく》ができそうです。五、七、五を数《かぞ》えながら……どうかな、できたかな。すぐにできなくても、つくる途中《とちゅう》の俳句《はいく》を紙《かみ》に書《か》いておけば、そのうち残《のこ》りを思《おも》いついて完成《かんせい》するのでだいじょうぶ。

季語《きご》の説明《せつめい》のさいごに例句《れいく》がのっています。俳句《はいく》で七十年も遊《あそ》んでいる斉田仁《さいだじん》先生にお願《ねが》いして、なるべくわかりやすいたのしい句《く》を選《えら》んでもらいました。有名《ゆうめい》な俳人《はいじん》の古《ふる》い句《く》もあれば、最近《さいきん》の小学生の句《く》もあります。俳句《はいく》はだれでも、いつでも、どこでも楽《たの》しめることばの遊《あそ》びなんですね。

もし意味《いみ》がわからない俳句《はいく》に出会《であ》っても、あわてることはありません。「よくわからないけど、なんだかいい俳句《はいく》」だってたくさんあるんですから。無理《むり》にわかろうとしなくてもいい。口のなかでブツブツくりかえしていると、わからないなりにあじわうことができる。そんな俳句《はいく》の、おおらかで自由《じゆう》な雰囲気《ふんいき》をぜひ感《かん》じてください。

子《こ》どもおもしろ歳時記《さいじき》——もくじ

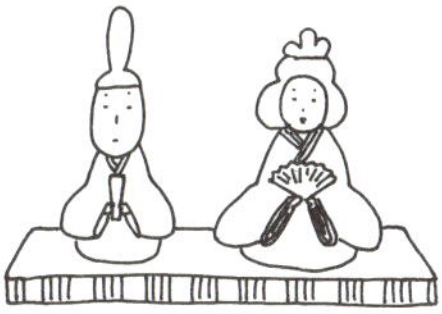

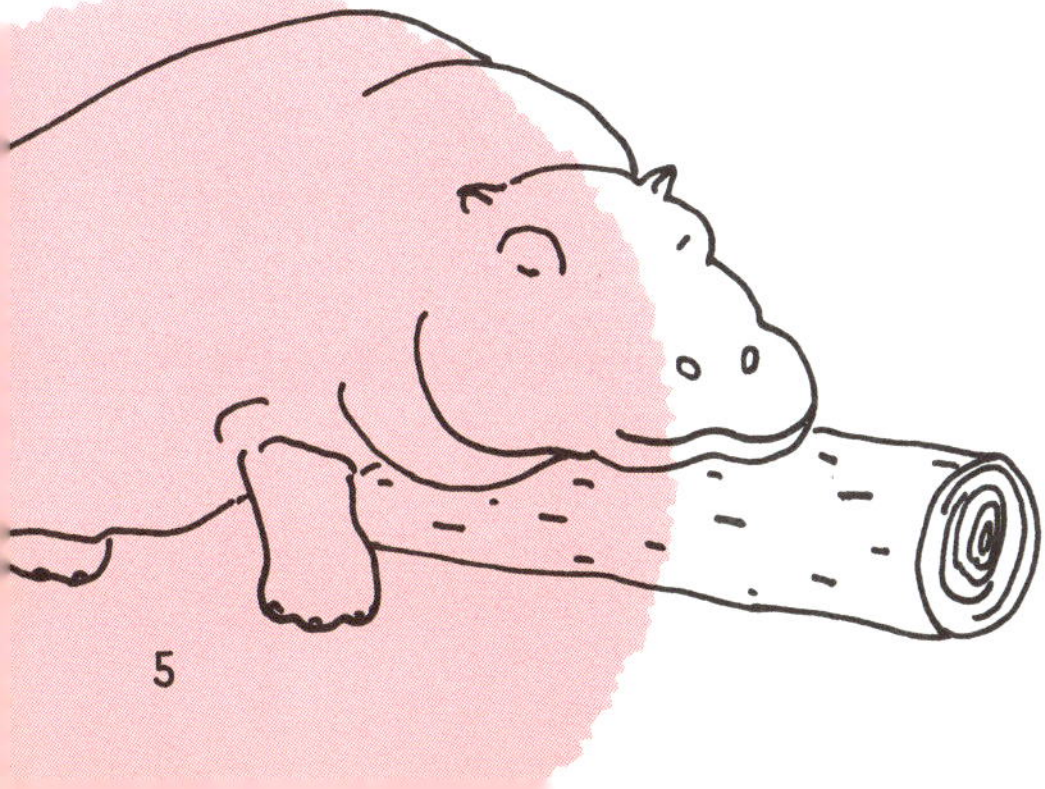

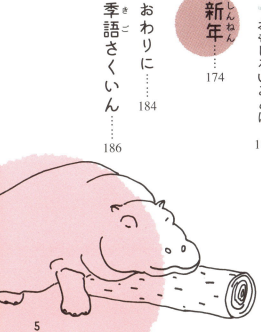

春

【のどか】

のどかさに寝《ね》てしまひ《(い)》けり草《くさ》の上《うえ》

松《まつ》根《ね》東洋城《とうようじょう》

見《み》あげると、あわくやさしい春《はる》の空《そら》。
ただよう空気《くうき》ものほほんとしています。
あぁ、なんだか、時間《じかん》がゆっくり流《なが》れているみたい。
そんな気持《きも》ちのよい状態《じょうたい》をあらわすことばが「のどか」です。
のどかを全身《ぜんしん》に感《かん》じながら、そのまま草《くさ》の上《うえ》に寝《ね》ちゃうなんて、最高《さいこう》だなぁ。

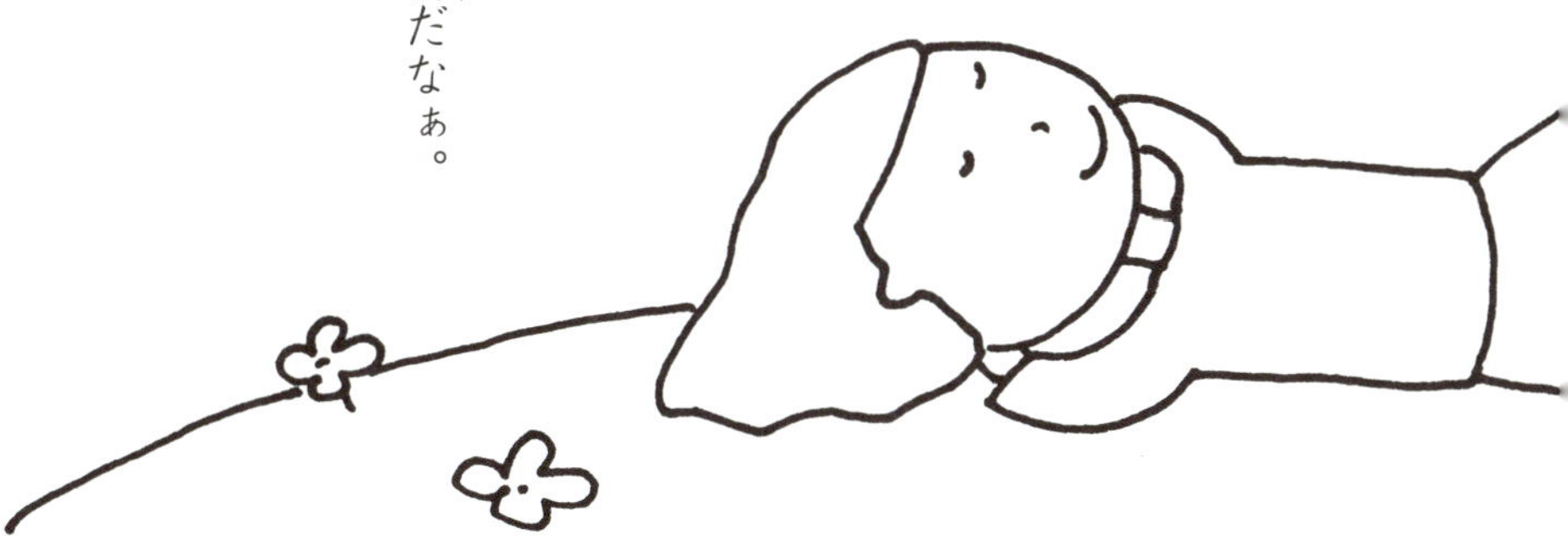

たのしいこと

【ぶらんこ】

むかし中国《ちゅうごく》に、春《はる》になるとぶらんこにのる行《ぎょう》事《じ》がありました。それでぶらんこは春《はる》の季語《きご》になったとか。あたたかい日ざしをあびながらグイン！ グイン！ とぶらんこをこぐのはいい気持《きも》ちです。目を閉《と》じるとちょっとこわい。でも、たっぷりの風《かぜ》を顔《かお》に感《かん》じます。

ぶらんこを漕《こ》ぐたび影《かげ》の伸《の》び縮《ちぢ》み

藤原《ふじわら》かかし

【しゃぼんだま】

せっけん水をストローの先につけて吹《ふ》く遊《あそ》び。しゃぼん玉には、寒《さむ》すぎず、暑《あつ》すぎない季節《きせつ》が似合《にあ》います。秋《あき》もいいけど、秋《あき》のしゃぼん玉はなんだかさびしい。その点《てん》、春《はる》のしゃぼん玉はひとりで吹《ふ》いても全然《ぜんぜん》さびしくない。むしろ、ひとりのほうがワクワクしてくる。

しゃぼん玉《だま》独《ひと》りが好《す》きな子《こ》なりけり

成瀬《なるせ》櫻桃子《おうとうし》

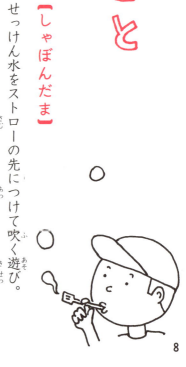

【バレンタインデー】

二月十四日。日本では、女の人が好《す》きな人にチョコレートを贈《おく》ります。東南《とうなん》アジアのタイでは、男の人が恋人《こいびと》に赤いバラとぬいぐるみをプレゼント。イスラム教《きょう》の国《くに》・サウジアラビアではバレンタインデーを祝《いわ》うことが禁止《きんし》されているとか。世界《せかい》はいろいろだなぁ。

バレンタインデー心《こころ》に鍵《かぎ》の穴《あな》ひとつ
上田日差子《うえだひざし》

【たこ（凧）】

たこが**いかのぼり**といういい方《かた》ででてくる俳《はい》句《く》もあります。たこあげが遊《あそ》びとしてひろまったのは江戸時代《えどじだい》。もともと関西《かんさい》では「いか」と呼《よ》ばれていたらしい。それがいつのころからか「たこ」になったといいます。いかからたこへの大転換《てんかん》、おもしろくてふしぎ。

凧《たこ》ひとつ浮《う》かぶ小《ちい》さな村《むら》の上《うえ》
飯田龍太《いいだりゅうた》

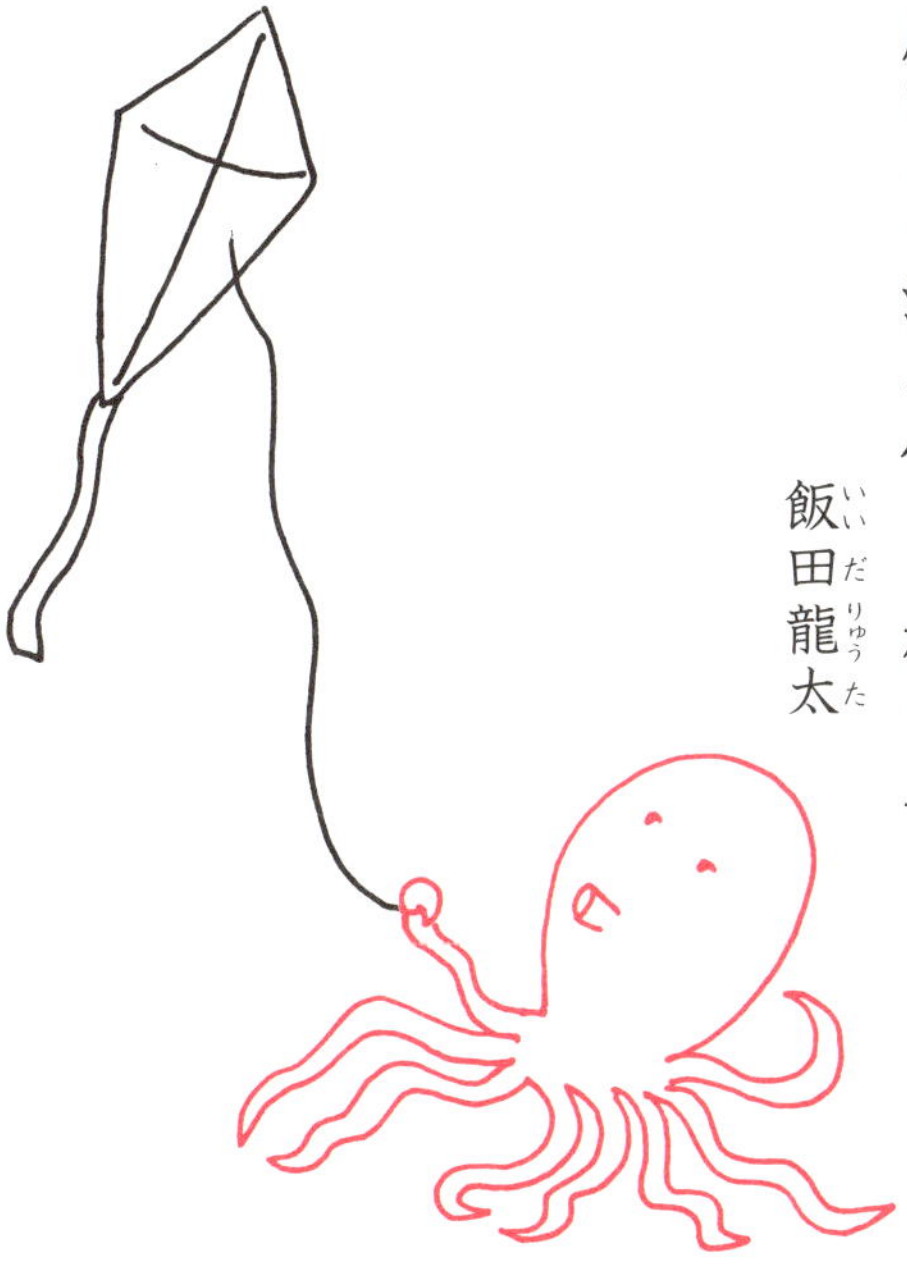

【ひなまつり（雛祭）】

三月三日にひな人形《にんぎょう》を飾《かざ》って、女の子の成長《せいちょう》をねがう行事《ぎょうじ》。**桃**《もも》**の節句**《せっく》ともいいます。**男**《お》**びな、女**《め》**びな**はもちろん、**五人ばやし**や**三人官女**《さんにんかんじょ》、**ひしもち、白酒**《しろざけ》、**ひなあられ**もぜーんぶ春《はる》の季語《きご》です。ひなあられ、かわいくて大好《す》き。一年中《いちねんじゅう》売ってたらいいのにな。

雛《ひな》あられ両手《りょうて》にうけてこぼしけり　久保田万太郎《くぼたまんたろう》

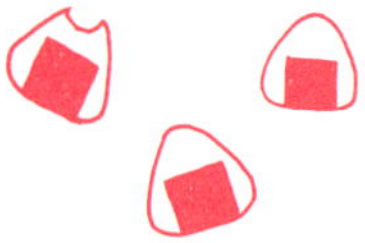

【遠足《えんそく》】

日帰《ひがえ》りで海《うみ》や山へでかけること。学校の行事《ぎょうじ》であることが多《おお》いけど、おとなもときどき遠足《えんそく》をします。おべんとう、おかし、レジャーシートなどを用意《ようい》しているときからワクワク。そして当《とう》日《じつ》はかならず早く目がさめてしまいます。なんでだろう、いつもは朝寝坊《あさねぼう》なのに。

遠足《えんそく》の列恐竜《れつきょうりゅう》の骨《ほね》の下《した》　山尾玉藻《やまおたまも》

【風船《ふうせん》】

ゴム風船《ふうせん》も**紙風船**《かみふうせん》も春《はる》の季語《きご》。宙《ちゅう》に浮《う》く風船《ふうせん》は、なかにヘリウムガスが入っています。手をはなすと空に飛《と》んでいってしまうので、緊張《きんちょう》します。ぶじに家《いえ》にもってかえることができても、日がたつとどんどんしぼんでいく。そのうれしくて悲《かな》しい感《かん》じが春《はる》っぽい。

ミッキーの風船《ふうせん》まるい耳《みみ》ふたつ　今井千鶴子《いまいちづこ》

【花見《はなみ》】

桜《さくら》の花をながめること、花の下で飲《の》んだり食《た》べたり歌《うた》ったりすることを花見《はなみ》といいます。平《へい》安時代《あんじだい》の貴族《きぞく》の行事《ぎょうじ》が発展《はってん》したものだとか。その時期《じき》の寒《さむ》さを**花冷《はなび》え**といい、お花見《はなみ》をしてつかれるのを**花疲《はなづか》れ**といいます。冷《ひ》えたりつかれたりも含《ふく》めて、お花見なんですね。

ゴリラ等《ら》と動物園《どうぶつえん》の花見《はなみ》する　矢島渚男《やじまなぎさお》

【風車《かざぐるま》】

風《かぜ》を受《う》けた羽根《はね》がクルクル回《まわ》るおもちゃ。中《ちゅう》国《ごく》から伝《つた》わって、平安時代《へいあんじだい》から子どもの遊《あそ》び道具《どうぐ》でした。沖縄《おきなわ》では、九十七歳《さい》になった人を風車《かざぐるま》で飾《かざ》ってお祝《いわ》いをするカジマヤー（風《かざ》車《ぐるま》）のお祭《まつ》りがあるとか。カラフルな風車《かざぐるま》が回《まわ》る風景《ふうけい》はなぜかなつかしい。

街角《まちかど》の風《かぜ》を売《う》るなり風車《かざぐるま》

三好達治《みよしたつじ》

【四月馬鹿《しがつばか》】

ウソをついてもいいとされている四月一日のこと、また、だまされた人のことを四月馬鹿《ばか》といいます。テレビやインターネットでは毎《まい》年《とし》「空とぶペンギンが発見《はっけん》された！」なんていうウソのニュースがながれます。ぐふふ。
エイプリルフール、**万愚節《ばんぐせつ》**ともいう。

エイプリルフールのドアの覗《のぞ》き穴《あな》

西原天気《さいばらてんき》

【野遊《のあそ》び】

春《はる》のあたたかい日に、野山《のやま》に遊《あそ》びに行《い》くこと。春《はる》の花を見つけたり、鳥《とり》の声《こえ》に耳をそばだてたり、若草《わかくさ》の上でおべんとうを食《た》べたり。なにをやっても「あぁ、春《はる》だなぁ」とウキウキ。俳句《はいく》をつくるときは、**ピクニック**や**ハイキング**といいかえるのもアリです。

野遊《のあそ》びや肘《ひじ》つく草《くさ》の日《ひ》の匂《にお》ひ(い)

大須賀乙字《おおすがおつじ》

【しおひがり（汐干狩）】

潮《しお》のひあがった浜辺《はまべ》で、**あさりやはまぐり**などの貝をくまでで掘《ほ》り返《かえ》してとる春《はる》の遊《あそ》び。春分《しゅんぶん》の日あたりから五月ごろまでがシーズンです。はだしになって砂《すな》の上を歩《ある》くのも、シャツのそでがぬれるのもなんだか楽《たの》しい。とれた貝を食《た》べるのが最高《さいこう》に楽《たの》しい！

まんまるくお尻《しり》濡《ぬ》らせり汐干狩《しおひがり》

星野恒彦《ほしのつねひこ》

しょくぶつ

【梅《うめ》】

庭《にわ》などに植《う》えてある木で、まだ寒《さむ》い時期《じき》に白やピンクの花が咲《さ》きます（ピンクの花は**紅梅**《こうばい》という）。梅《うめ》の花は香《かお》りがよく、奈良時代《ならじだい》には花見といえば桜《さくら》ではなく梅《うめ》でした。夜《よる》、暗《くら》くて花は見えないのに香《かお》りだけ感《かん》じる、というのがなんともおもむきがあってキュンとします。

白梅《はくばい》や指《ゆび》すべらせて辞書《じしょ》を繰《く》る　西原天気《さいばらてんき》

【椿《つばき》】

一《いち》年中《ねんじゅう》、緑《みどり》でつやつやした葉《は》をもつ木で、冬《ふゆ》から春《はる》にかけて花をつけます。色《いろ》は白、赤など。江戸時代《えどじだい》に多《おお》くの品種《ひんしゅ》がつくられ、大名《たいみょう》の庭《にわ》や神社《じんじゃ》に植《う》えることが流行《りゅうこう》しました。花びらが一枚《まい》ずつ散《ち》るのではなく、花ごとボトリと落《お》ちるのでドキッとする。

赤《あか》い椿《つばき》白《しろ》い椿《つばき》と落《お》ちにけり　河東碧梧桐《かわひがしへきごとう》

もくれん（木蓮）

むかし中国《ちゅうごく》から伝《つた》わってきた木で、四月前後《ぜんご》に赤むらさきや白の花が咲《さ》きます。おとなりの朝鮮民主主義人民共和国《ちょうせんみんしゅしゅぎじんみんきょうわこく》（北朝鮮《きたちょうせん》）では国《くに》の花に指定《してい》されているとか。葉《は》がでる前《まえ》に、香《かお》りがよくて存在感《そんざいかん》のある花がいっせいに咲《さ》いて、木蓮《もくれん》の木は一気《いっき》にはなやかになります。

とほ（お）けれど木蓮《もくれん》の径《みち》えらびけり

鈴木《すずき》しづ子《こ》

柳《やなぎ》

川辺《かわべ》やお城《しろ》のお堀《ほり》ばたなどに植《う》えられている**しだれ柳《やなぎ》**が代表的《だいひょうてき》。高《たか》さは十メートルを超《こ》すものが多《おお》く、枝《えだ》が下にたれています。春先《はるさき》にうす緑色《みどりいろ》のやわらかい芽《め》がでて、風《かぜ》になびいている姿《すがた》は優雅《ゆうが》でしなやか。夏《なつ》には**夏柳《なつやなぎ》**というすずしげな季語《きご》になる。

雪《ゆき》どけの中《なか》にしだるる柳《やなぎ》かな

芥川龍《あくたがわりゅう》之《の》介《すけ》

【じんちょうげ（沈丁花）】

つややした葉《は》っぱの低《ひく》い木。公園《こうえん》や庭《にわ》によく植《う》えられています。春《はる》のはじめごろから、うすいピンクの小さな星《ほし》が集《あつ》まったような花をつけます。甘《あま》い香《かお》りが特徴《とくちょう》。道《みち》を歩《ある》いていて「あ、じんちょうげのにおいがする！」と気づき、まわりをさがすと花が見つかります。

【菜《な》の花《はな》】

畑《はたけ》や川の土手《どて》にむれて生《は》えているアブラナ。春《はる》たけなわのころ、先っぽに黄色《きいろ》い十字の花がたくさん咲《さ》きます。はなれたところから見ると、まるで黄色《きいろ》のじゅうたんが一面《いちめん》に敷《し》かれたよう。野菜《やさい》としても栽培《さいばい》され、サラダやおひたしにして春《はる》のほろ苦《にが》さをあじわいます。

【たんぽぽ】

川原《かわら》や道《みち》ばた、ときにはアスファルトで舗装《ほそう》された道路《どうろ》のすき間《ま》にも生《は》える生命力《せいめいりょく》の強《つよ》い草。春《はる》に、黄色《きいろ》い花びらが丸《まる》く密集《みっしゅう》する花が咲《さ》きます。花が終《お》わると白いわた毛《げ》をもった種《たね》ができて、風《かぜ》が吹《ふ》くと飛《と》んでいきます。きどらない、普段着《ふだんぎ》の花というイメージ。

沈丁《じんちょう》の香《か》を乗《の》せて風《かぜ》素直《すなお》なる　嶋田《しまだ》一歩《いっぽ》

家々《いえいえ》や菜《な》の花《はな》いろの燈《ひ》をともし　木下夕爾《きのしたゆうじ》

たんぽぽの種《たね》は小《ちい》さな冒険家《ぼうけんか》　小学六年生

【すみれ（菫）】

山肌《やまはだ》や道《みち》のわきに、はりつくように育《そだ》つ野草《やそう》。春《はる》に、濃《こ》いむらさき色《いろ》のラッパのような小さな花が咲《さ》きます。うつむくように下向《したむ》きにつく花は、無口《むくち》でりりしい少女《しょうじょ》のよう。花《か》だんに植《う》えられる**パンジー**もすみれの仲間《なかま》で、こちらは明《あか》るくにぎやかな女の子みたい。

十三時《じゅうさんじ》集合《しゅうごう》すみれの花時計《はなどけい》　下山田美江《しもやまだよしえ》

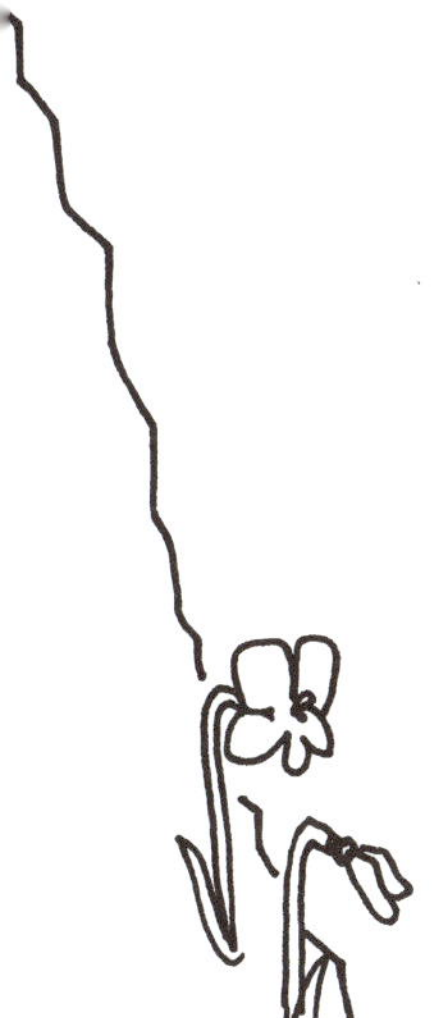

【桜《さくら》】

日本人は桜《さくら》が大好《だいす》き。百円玉にもえがかれているし、毎年《まいとし》、開花予報《かいかよほう》や開花宣言《かいかせんげん》がニュースになります。現在《げんざい》、全国《ぜんこく》で見られるのは**ソメイヨシノ**という品種《ひんしゅ》ですが、古《ふる》くからあって有名《ゆうめい》なのは**彼岸桜**《ひがんざくら》や**山桜**《やまざくら》。おくれて咲《さ》く**八重桜**《やえざくら》は花びらが多《おお》くてとてもはなやかです。

桜《さくら》ちるドカンと一発《いっぱつ》ホームラン

小学六年生

【犬《いぬ》ふぐり】

「ふぐり」とは睾丸《こうがん》＝キンタマのこと！　実《み》が犬の睾丸《こうがん》に似《に》ているという理由《りゆう》で、こんなおもしろい名前《なまえ》がつけられました。いまよく見かけるのは「オオイヌノフグリ」。冬《ふゆ》に畑《はたけ》のあぜ道《みち》や川原《かわら》に生《は》えてひろがる草で、春先《はるさき》に小さくて青い花がたくさん咲《さ》きます。

犬《いぬ》ふぐり星《ほし》のまたゝ《(た)》く如《ごと》くなり

高浜虚子《たかはまきょし》

花といえば桜《さくら》なのだ

短歌《たんか》や俳句《はいく》の世界《せかい》には、花といえば桜《さくら》のことをさすという伝統《でんとう》があります。

■しばらくは花《はな》の上《うえ》なる月夜《つきよ》かな　松尾芭蕉《まつおばしょう》

この俳句《はいく》には、開花《かいか》した桜《さくら》を見あげながら「ふふふ、この先しばらくは夜《よる》になると桜《さくら》と月がいっしょに楽《たの》しめるぞ」と期待《きたい》する芭蕉《ばしょう》さんの気持《きも》ちがでています。

花がつく季語《きご》はたくさんあります。今《いま》をさかりと咲《さ》きほこる桜《さくら》を**花《はな》ざかり**、満開《まんかい》の桜《さくら》が一面《いちめん》にひろがるようすが雲《くも》みたいなので**花《はな》の雲《くも》**、夜《よる》のやみに桜《さくら》の薄《うす》ピンクが浮《う》かびあがって見える**花明《はなあ》かり**、たくさんの花びらがどんどん散《ち》り落《お》ちてくるのは**花吹雪《はなふぶき》**。さらには**花《はな》筏《いかだ》**なんていうおしゃれな季語《きご》もあって、これは花びらが散《ち》ったあと川や池《いけ》の水面《みなも》に浮《う》かんで、いかだのようにただよう様《さま》をあらわしています。

お花見《はなみ》に出かけるときに着《き》るものを**花衣《はなごろも》**、「こちらは満開《まんかい》ですが、そちらはどうですか」なんて桜《さくら》の咲《さ》き具合《ぐあい》を書《か》いて送《おく》る手紙《てがみ》を**花便《はなだよ》り**。花がつく季語《きご》は美《うつく》しいことばばかりだなぁ！　日本人はほんとに桜《さくら》が好《す》きだということを改《あらた》めて思《おも》い知《し》ります。最近《さいきん》はメールでやりとりすることも多《おお》いから、そのうち「花メール」なんて季語《きご》もできるかも!?

【桃《もも》の花】

梅《うめ》ほど香《かお》らないし、桜《さくら》ほど人気はない。でもふんわり素朴《そぼく》な桃《もも》の花が咲《さ》くと、心《こころ》からホッとします。北国《きたぐに》や山間地《さんかんち》では、梅《うめ》、桃《もも》、桜《さくら》が同時《どうじ》に咲《さ》いて春一色《はるいっしょく》になることも。古《ふる》くから桃《もも》には邪気《じゃき》（不吉《ふきつ》なもの）を祓《はら》う力があるとされていて、ひな祭《まつ》りのときに飾《かざ》ります。

故郷《ふるさと》はいとこの多《おお》し桃《もも》の花

正岡子規《まさおかしき》

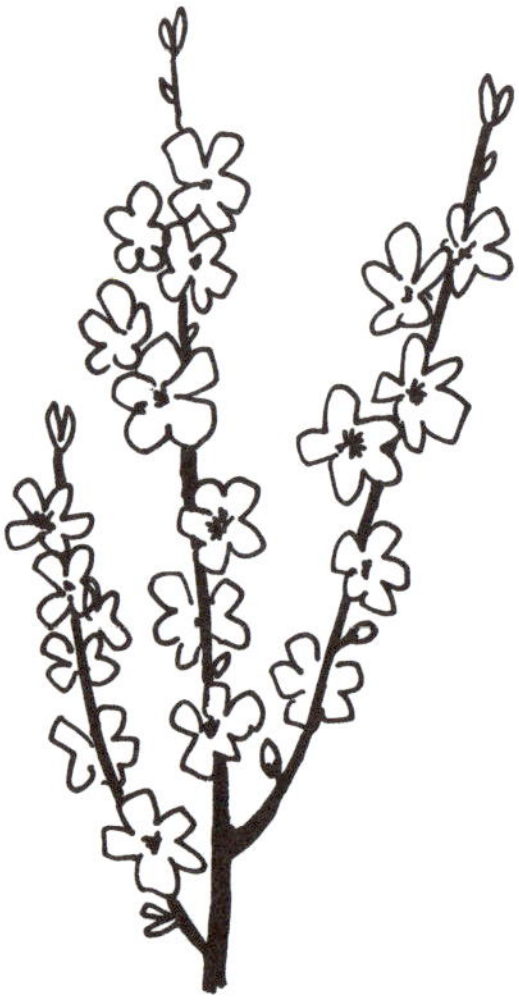

【つくし（土筆）】

春《はる》になると、野原《のはら》や川の土手《どて》などにニョキニョキと生《は》えてくる草。筆《ふで》のような穂《ほ》をもっています。ゆでてアクをぬけば佃煮《つくだに》などにして食《た》べることができ、**つくし摘《つ》み**は古《ふる》くから春《はる》のお楽《たの》しみでした。ユーモラスでかわいらしい姿《すがた》から**つくしんぼ**というあだ名も。

つくしんぼ青空《あおぞら》目《め》ざしせのびする

小学六年生

【つつじ】

公園《こうえん》や道《みち》ばたなどにある低《ひく》い木。春《はる》の終《お》わりころ、花びらが五つに割《わ》れた白、赤、ピンクの花がつぎつぎに咲《さ》き、パーッとはなやぎます。世界一高《せかいいちたか》い山エベレストのふもと、ネパールの国《くに》の花。日本でも各地《かくち》で親《した》しまれ、多《おお》くの市町村《しちょうそん》でシンボルになっています。

死《し》ぬものは死《し》にゆく躑躅《つつじ》燃《も》えてを《（お）》り

臼田亜浪《うすだあろう》

【チューリップ】

茎《くき》のてっぺんにつりがねを逆《さか》さにしたような形《かたち》の花が咲《さ》くと、春《はる》が来《き》た！　とうれしくなり、こちらの背筋《せすじ》までのびる感《かん》じ。赤、白、黄色《きいろ》、黒《くろ》むらさきなどさまざまな色《いろ》で、花壇《かだん》や公園《こうえん》をカラフルにいろどります。トルコ原《げん》産《さん》で、オランダでも栽培《さいばい》がさかん。

チューリップだれかの顔《かお》に見《み》えてきた

小学六年生

おいしいもの

【草餅《くさもち》】

ゆでたよもぎの葉《は》をきざんで、つきこんだお餅《もち》。あんこを包《つつ》んだり、きな粉《こ》をかけたりして食《た》べます。むかしから草の香《かお》りには悪《わる》い気を祓《はら》う力があると考《かんが》えられていて、お餅《もち》に草をねりこむ風習《ふうしゅう》は縄文時代《じょうもんじだい》からあったようです。よもぎの葉《は》っぱを摘《つ》むのも春《はる》のお楽《たの》しみ。

草餅《くさもち》や片手《かたて》は犬《いぬ》を撫《な》でながら

小林一茶《こばやしいっさ》

【桜餅《さくらもち》】

あんこを包《つつ》んだ餅《もち》を塩《しお》づけの桜《さくら》の葉《は》で包《つつ》んだお菓子《かし》。関西《かんさい》では道明寺《どうみょうじ》粉《こ》をつかいもちもちした感触《かんしょく》に。関東《かんとう》では水にといた小麦《こむぎ》粉《こ》をうすく焼《や》いてつくります。どちらも、あんこのあまさと桜《さくら》の葉《は》のしょっぱさが絶妙《ぜつみょう》！　おなかいっぱいでもペロリと食《た》べてしまう。

三《み》つ食《く》へ《(え)》ば葉三片《はさんぺん》や桜餅《さくらもち》

高浜虚子《たかはまきょし》

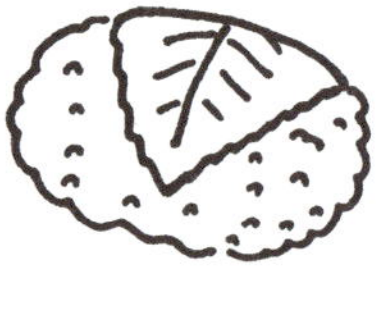

【のり（海苔）】

海《うみ》の岩《いわ》などにつく海藻《かいそう》で、日本人はむかしからこれをすくいあげて食《た》べていました。江戸《えど》時代《じだい》になると、海藻《かいそう》を黒《くろ》い紙《かみ》のように加工《かこう》したのりができました。第二次大戦後《だいにじたいせんご》は養殖《ようしょく》がさかんに。おにぎり、のり巻《ま》き、ざるそばなどのりの出番《でばん》は多《おお》い。旬《しゅん》（*）は冬《ふゆ》から春《はる》。

海苔《のり》あぶる手元《てもと》も袖《そで》も美《うつく》しき

瀧井孝作《たきいこうさく》

【わかめ（若布）】

海岸《かいがん》で育《そだ》つ海藻《かいそう》で、長《なが》いものは二メートルにもなります。生《は》えているときは茶色《ちゃいろ》で、お湯《ゆ》に通《とお》して食《た》べるときは緑色《みどりいろ》です。定番《ていばん》メニューは酢《す》のものとおみそ汁《しる》。おとなりの韓国《かんこく》では、誕生日《たんじょうび》の朝《あさ》にワカメスープを食《た》べるとか。三月から五月が収穫《しゅうかく》の季節《きせつ》。

乾《かわ》きつつふかみどりなる若布《わかめ》かな

高浜年尾《たかはまとしお》

＊旬《しゅん》…野菜《やさい》や魚《さかな》などの、いちばん味《あじ》のいいとき

【はまぐり（蛤）】

浅《あさ》い海《うみ》でとれる五〜八センチほどの大きさの二枚貝《にまいがい》。パエリヤ、酒《さか》むし、うしお汁《じる》などにして食《た》べます。力強《ちからづよ》さを感《かん》じる料理《りょうり》は、なんといっても炭火焼《すみびや》き！　炭《すみ》火《び》の上ではまぐりを焼《や》き、口が開《あ》いたところにしょう油《ゆ》をたらし、「アチチ」といいながらいただきます。

【あさり（浅蜊）】

三〜六センチくらいの二枚貝《にまいがい》。しおひがりでもっともよくとれる貝です。縄文時代《じょうもんじだい》の遺跡《いせき》からもあさりの貝がらが出土《しゅつど》していて、古《ふる》くから食《た》べられていたことがわかります。みそ汁《しる》や酒《さか》むしにして食《た》べます。イタリアのボンゴレというパスタ料理《りょうり》はおしゃれな味《あじ》。

【しじみ（蜆）】

二〜三センチくらいの黒《くろ》い二枚《にまい》貝《がい》。日本各地《かくち》の湖《みずうみ》や川の河口《かこう》付近《ふきん》でとれますが、近年《きんねん》は輸入《ゆにゅう》しじみも多《おお》い。みそ汁《しる》や佃煮《つくだに》にして食《た》べます。むかしから体《からだ》によいとされ、最近《さいきん》はしじみエキスの健康食品《けんこうしょくひん》もありますが……うーん、しじみエキスは俳句《はいく》には似合《にあ》わないか。

蛤《はまぐり》のひらけば椀《わん》にあまりけり　水原秋櫻子《みずはらしゅうおうし》

からからと夜《よる》のあさりの海《うみ》の音《おと》　鈴木伊豫《すずきいよ》

あたたかや蜆《しじみ》ふえたる裏《うら》の川《かわ》　高浜虚子《たかはまきょし》

【うに（海胆）】

海《うみ》にすむ、全身《ぜんしん》にイガグリのようなトゲをもつ生きもの。食《た》べるのは精巣《せいそう》と卵巣《らんそう》の部分《ぶぶん》で、塩《しお》で加工《かこう》した「塩《しお》うに」は「カラスミ」「このわた」とともに日本三大珍味《さんだいちんみ》のひとつです。最近《さいきん》は生《なま》のうにをつかったおすしやうに丼《どん》も。ぜいたくな味《あじ》にうっとりします。

海胆《うに》の針紫《はりむらさき》にして美《うつく》しき　野村喜舟《のむらきしゅう》

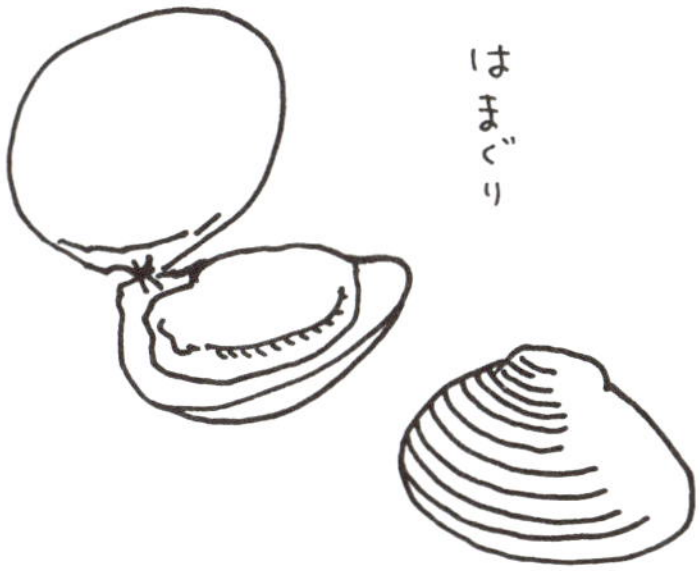

はまぐり

あさり

しじみ

ほうれんそう（菠薐草）

濃《こ》い緑色《みどりいろ》をしたやわらかい菜《な》っ葉《ぱ》。もとは中《ちゅう》央《おう》アジアのイランあたりで栽培《さいばい》されていて、日本には江戸時代《えどじだい》に伝《つた》わりました。和食《わしょく》ならおひたしやごまあえ、洋食《ようしょく》ならスープやソテーで食《た》べます。ほうれん草をつかった緑《みどり》のインドカレーは、まろやかな味《あじ》。

母《はは》おそろし菠薐草《ほうれんそう》を食《た》べなさい

川崎展宏《かわさきてんこう》

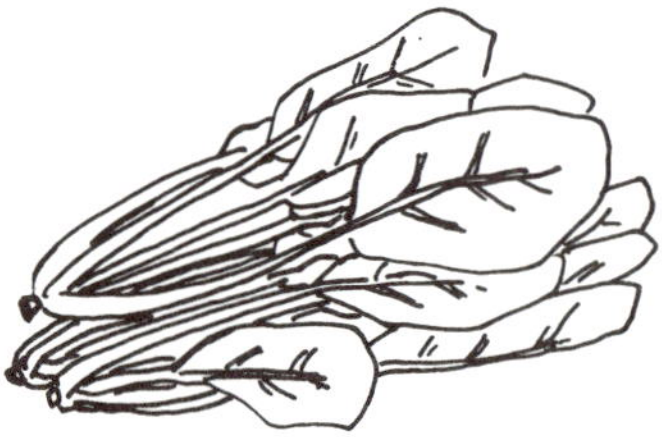

にんにく（大蒜）

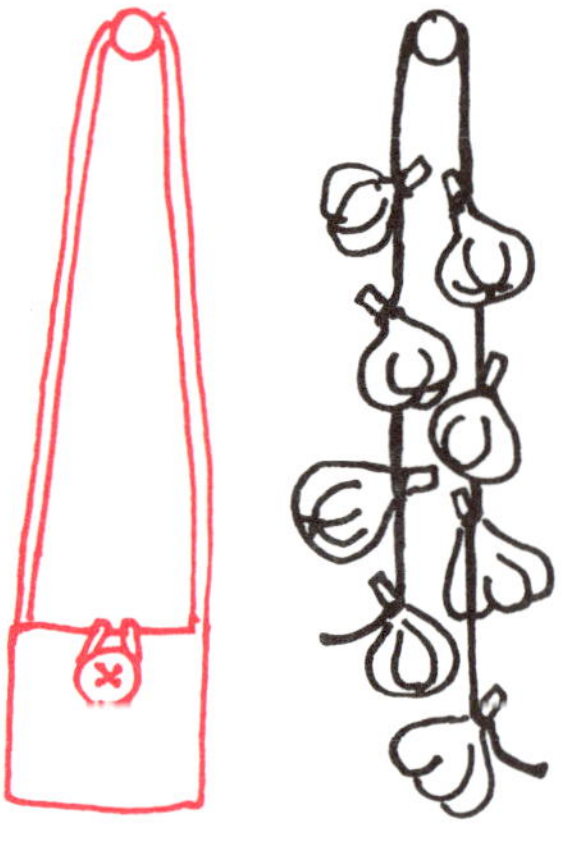

小さくごつごつした球根《きゅうこん》を食《た》べる植物《しょくぶつ》。五千年以上前《いじょうまえ》から栽培《さいばい》されてきました。食欲《しょくよく》をそそる強《つよ》いにおいがあり、フランス料理《りょうり》、イタリア料理《りょうり》、中国料理《ちゅうごくりょうり》、韓国料理《かんこくりょうり》などでつかわれています。息《いき》がくさくなるかくごをして食《た》べるにんにく入り餃子《ぎょうざ》はとくべつおいしい。

にんにくを食《た》べたるあとのかくれんぼ

斉田仁《さいだじん》

【わさび（山葵）】

きれいな水がながれる浅瀬《あさせ》に育《そだ》つ野菜《やさい》。栽培《さいばい》している場所《ばしょ》を「**わさび田**《だ》」と呼《よ》ぶ。茎《くき》をすりおろしたものをさしみやすしにつけます。食《た》べるとからく、鼻《はな》がツーンとします。わたしは子どものころはわさびが苦手《にがて》でしたが、おとなになったいまでは、このツーンが大好《だいす》きです。

山葵田《わさびだ》に風《かぜ》のさざなみ日《ひ》のさざなみ

田中水桜《たなかすいおう》

【しらすぼし】

イワシの幼魚《ようぎょ》をゆでて干《ほ》したもの。一〜二センチで白っぽい。西日本《にしにほん》では**ちりめんじゃこ**と呼《よ》ぶのが一般的《いっぱんてき》で、京都《きょうと》では「ややとと」といいます。ほどよいしょっぱさがあり、ごはんにのせて食《た》べたり、和風《わふう》スパゲティの具《ぐ》にしたり。三月下旬《げじゅん》から五月が旬《しゅん》です。

子《こ》を抱《だ》けりちりめんざこをたべこぼし

下村槐太《しもむらかいた》

おてんき

【早春《そうしゅん》】

俳句《はいく》の世界《せかい》では、二月四日ごろから春《はる》の季語《きご》をつかいます。とはいえ、実際《じっさい》はまだまだ寒《さむ》い。雪《ゆき》がふることもあるし、木の芽《め》もかたく閉《と》じたままです。そんな時期《じき》、だいたい二月いっぱいくらいを早春《そうしゅん》といいます。寒《さむ》いけど今《いま》はもう春《はる》なんだ、と思《おも》うたびにうれしい。

早春《そうしゅん》の湖眩《うみまぶ》しくて人《ひと》に逢《あ》ふ（う）

横山房子《よこやまふさこ》

【冴返《さえかえ》る】

春先《はるさき》、あたたかくなりかけたあとで、また寒《さむ》さがもどること。あたたかい日がつづいて「もう春《はる》だなー」と気がゆるんだあとだけに、もどってくる寒《さむ》さはいっそう強《つよ》く感《かん》じます。**寒《かん》戻《もど》る**、**凍《い》て返《かえ》る**ともいう。残《のこ》っている寒《さむ》さをいう**余寒《よかん》**も春《はる》のはじめころの季語《きご》。

冴《さ》え返《かえ》り冴《さ》え返《かえ》りつつ春《はる》なかば

西山泊雲《にしやまはくうん》

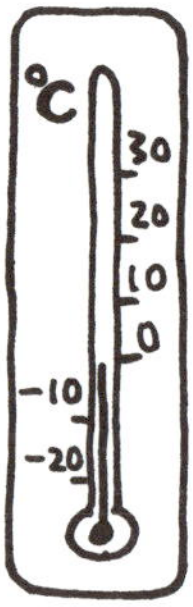

【東風《こち》】

冬《ふゆ》が終《お》わると、日本列島《れっとう》には東《ひがし》から強《つよ》めの風《かぜ》が吹《ふ》いてきます。雪《ゆき》をとかし、花のつぼみをふくらませる、いわば春《はる》の到来《とうらい》を告《つ》げる風《かぜ》。東風《こち》が吹《ふ》く時間帯《じかんたい》やシーズンによって、**朝東風**《あさこち》、**夕東風**《ゆうごち》、**梅東風**《うめごち》、**桜東風**《さくらごち》、**雲雀東風**《ひばりごち》など、いろんなバリエーションがあるのが楽《たの》しい。

夕東風《ゆうごち》のともしゆく燈《ひ》のひとつづ《（ず）》つ

木下夕爾《きのしたゆうじ》

【春一番《はるいちばん》】

春《はる》になってはじめて吹《ふ》く強《つよ》い南風《みなみかぜ》のこと。毎《まい》年《とし》、気象庁《きしょうちょう》が「今日《きょう》、春一番《はるいちばん》が吹《ふ》きました」と発表《はっぴょう》します。もともとは長崎県《ながさきけん》壱岐《いき》の漁師《りょうし》のことば。春一番《はるいちばん》が吹《ふ》くと、木がざわざわとゆれて、ものが空に舞《ま》いあがったり、道《みち》を転《ころ》がったりして、季節《きせつ》の変《か》わりめを実感《じっかん》します。

春一番鞄《はるいちばんかばん》の軽《かる》き日《ひ》なりけり

藺草慶子《いぐさけいこ》

【あたたか】

寒《さむ》さがすぎて、風《かぜ》がぬくぬくしてきた。もう手ぶくろもマフラーもいらない。冬《ふゆ》のあいだは丸《まる》くなっていた猫《ねこ》も、のびのびと体《からだ》をのばしている。そんな、空気全体《ぜんたい》のあたたかさをあらわす季語《きご》です。春《はる》になってホッと気持《きも》ちがやわらぐのは、人間《にんげん》も猫《ねこ》もいっしょみたい。

【ぼたん雪《ゆき》】

春《はる》になってから降《ふ》る雪《ゆき》は、ぼわんとした大きめのかたまりで、地面《じめん》につくとすぐにとけてしまいます。ぼたんの花びらのようなのでこの名前《なまえ》がつきました。雪《ゆき》が降《ふ》っているのに「もう春《はる》なんだなー」と感《かん》じるなんてちょっとふしぎ。**春《はる》の雪《ゆき》**、**淡雪《あわゆき》**ともいいます。

【かすみ（霞）】

空気がしっとりしている春《はる》に、遠《とお》くの景色《けしき》がかすんで見えるようす。また、山や野原《のはら》にふんわり白い絵《え》の具《ぐ》で横線《よこせん》を描《えが》いたようなもやがかかっていることもかすみといいます。すべての色《いろ》があわくおだやか。なんだかぼーっとして、ふわふわといい気持《きも》ちです。

あたたかや布巾《ふきん》にふの字《じ》ふつ（っ）くらと　片山由美子《かたやまゆみこ》

にわとりの卵《たまご》あたたか春《はる》の雪《ゆき》　小西昭夫《こにしあきお》

灯《ひ》一つ星《ほし》二《ふた》つ三《み》つ夕霞《ゆうがすみ》

正岡子規《まさおかしき》

【おぼろ（朧）】

空気がしっとりして、いろんなものがぼんやりにじんで見えるようす。昼間《ひるま》のぼんやりは「かすみ」ですが、夕方《ゆうがた》から夜《よる》にかけては「おぼろ」になります。時間帯《じかんたい》で言《い》い方《かた》が変《か》わるなんて、日本語《にほんご》はゆたかだなぁ。りんかくがはっきりしない、あわい色《いろ》の月は**おぼろ月**。

折鶴《おりづる》をひらけばいちまいの朧《おぼろ》

澁谷道《しぶやみち》

【春雨《はるさめ》】

目に見えないくらい細《こま》かい雨つぶが音もなく降《ふ》り続《つづ》き、あたりをしっとりとぬらしていく春《はる》の雨。静《しず》かでやさしいイメージです。この雨をあびて、木の芽《め》や花のつぼみも少《すこ》しずつ成長《せいちょう》しているんだろうなーと想像《そうぞう》するとなんだか安心《あんしん》します。

春雨《はるさめ》や小磯《こいそ》の小貝《こがい》濡《ぬ》るゝ(る)ほど

与《よ》謝《さ》蕪《ぶ》村《そん》

【かげろう(陽炎)】

日ざしが強《つよ》く、風《かぜ》の弱《よわ》い日に、遠《とお》くのものがゆらゆらとゆらいで見える現象《げんしょう》。夏《なつ》の暑《あつ》い日にも海辺《うみべ》やアスファルトの上がゆれて見えることがありますが、あたたかく幻想的《げんそうてき》なかげろうは春《はる》の季語《きご》になっています。見つけてもいつのまにか消《き》えていて、なんだか夢《ゆめ》のよう。

かげろふ(う)の中《なか》へ押《お》しゆく乳母車《うばぐるま》

轡田《くつわだ》進《すすむ》

【風光《かぜひか》る】

春《はる》の日ざしがまぶしく、風景《ふうけい》がキラキラとかがやいているようす。そのことを「風光《かぜひか》る」といいあらわした人は、すごいなぁ。光《ひか》る風《かぜ》のなかに、いのちが生まれ、新《あたら》しいことがはじまる春《はる》のわくわくがつまっているようです。なんだか、いいことが待《ま》っている予感《よかん》。

風光《かぜひか》る草《くさ》という草《くさ》おいしそう

池田澄子《いけだすみこ》

【つちふる（霾）】

春《はる》の風《かぜ》の強《つよ》い日には、モンゴルや中国《ちゅうごく》の砂《すな》が日本まで飛《と》んできます。**黄砂《こうさ》（沙）**ともいい、空が黄色《きいろ》っぽくぼーっとかすんで見えます。かんそうしている日に強風《きょうふう》が吹《ふ》いて塵《ちり》が舞《ま》いあがるのは**春《はる》の塵《ちり》**。町全体《まちぜんたい》がほこりっぽく、空気がにごっている感《かん》じがします。

暗《くら》いなあと父《ちち》のこゑ《（え）》して黄沙《こうさ》せり

小川双々子《おがわそうそうし》

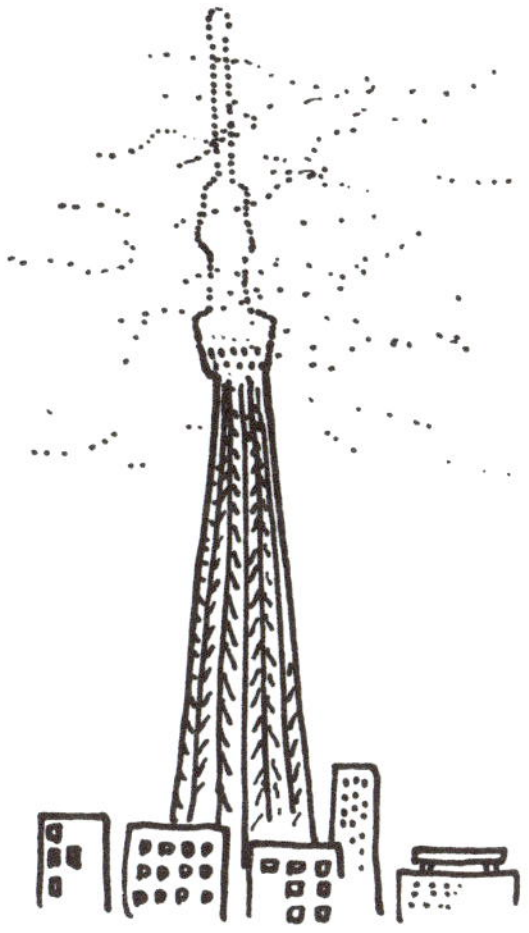

くらし

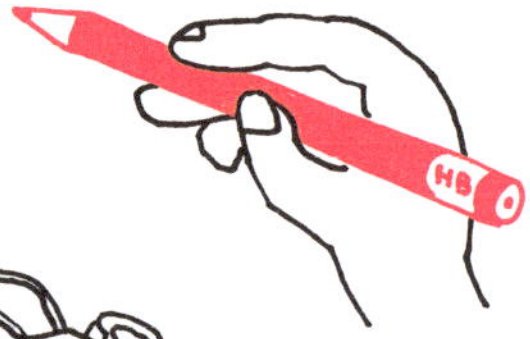

【受験《じゅけん》】

一月から三月にかけては受験《じゅけん》の季節《きせつ》。**入学試験《にゅうがくしけん》**、**合格《ごうかく》**、**不合格《ふごうかく》**も春《はる》の季語《きご》。合格発表《ごうかくはっぴょう》では、大よろこびする受験生がいる一方で、がっくりと肩《かた》を落《お》とす姿《すがた》も。試験《しけん》に受《う》かっても落《お》ちても、どっちにしても人生は続《つづ》いていく。本当《ほんとう》に大事《だいじ》な勝負《しょうぶ》はまだまだ先にあります。

受験《じゅけん》終《お》えショパンの小犬《こいぬ》弾《はず》みけり　小松崎緑《こまつざきみどり》

【卒業《そつぎょう》】

卒業式《そつぎょうしき》は、学校の勉強《べんきょう》がすべて終《お》わったことをお祝《いわ》いする式典《しきてん》。卒業《そつぎょう》生には卒業証書《そつぎょうしょうしょ》が授《じゅ》与《よ》され、先生や同級生《どうきゅうせい》たちと別《わか》れて新《あたら》しい道《みち》に進《すす》む門出《かどで》の日です。うれしい気持《きも》ちとさびしい気持ち、希望《きぼう》と不安《ふあん》がまざりあう日。おとなになっても思《おも》いだすとキュンとなります。

教科書《きょうかしょ》の破《やぶ》れた表紙《ひょうし》卒業式《そつぎょうしき》　小学六年生

【春休《はるやす》み】

学年末《がくねんまつ》から新年度《しんねんど》まで、学校が休みになります。春休《はるやす》みは短《みじか》いけれど、宿題《しゅくだい》がないことが多《おお》い。陽気《ようき》もポカポカとして、のびのび過《す》ごすことができます。クラスがえや転校《てんこう》ではなれてしまう友《とも》だちがいたり、先生の離任式《りにんしき》があったり。春《はる》の別《わか》れはあまくせつない。

髪《かみ》の毛《け》をいじってばかり春休《はるやすみ》

今福心太《いまふくしんた》

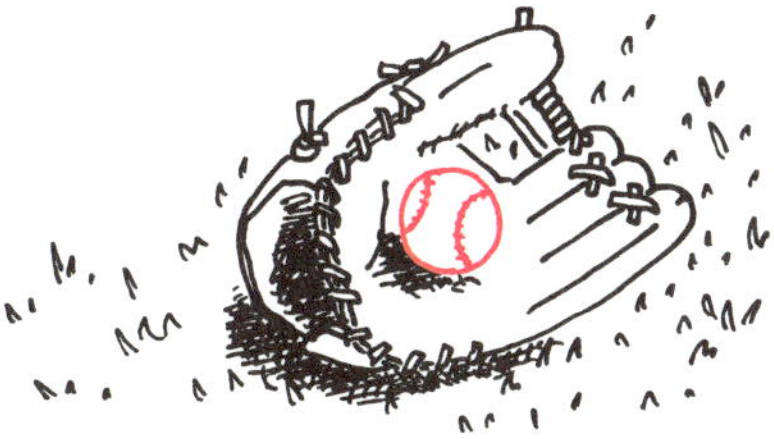

【入学《にゅうがく》】

四月になると新《あたら》しい学年がはじまり、ピカピカのランドセルをせおった新《しん》一年生も入学《にゅうがく》してきます。日本の学校の入学式《にゅうがくしき》は、ちょうど桜《さくら》が咲《さ》くころで、明《あか》るい予感《よかん》に満《み》ちています。アメリカや中国《ちゅうごく》の学校は九月入学《にゅうがく》。季節《きせつ》はちがってもドキドキするのは同《おな》じかな。

入学《にゅうがく》の子《こ》のなにもかも釘《くぎ》に吊《つ》る

森賀《もりが》まり

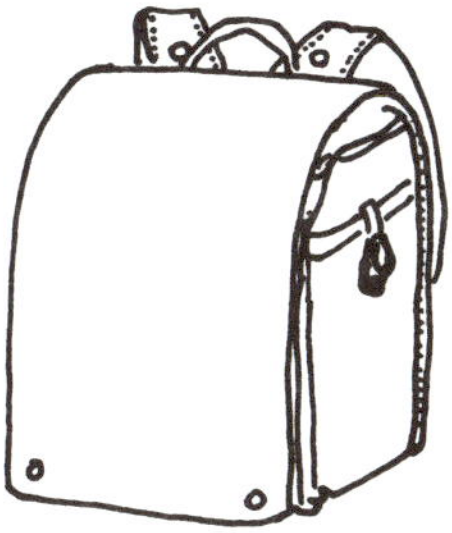

【春泥《しゅんでい》】

雪《ゆき》がとけて、雨が降《ふ》ってもなかなか乾《かわ》かない春《はる》は地面《じめん》がぬかるむことが多《おお》い。足をとられたり、くつがよごれたり。「どろんこには困《こま》ったものだ」ともんくをいいながら、やっぱり春《はる》がうれしい。北国《きたぐに》の人にとっては、雪《ゆき》の下に土が見えると待《ま》ちに待《ま》った春《はる》の到来《とうらい》です。

春泥《しゅんでい》に歩《あゆ》みあぐねし面《おも》あげぬ　星野立子《ほしのたつこ》

【春《はる》ごたつ（春炬燵）】

もう春《はる》だからこたつはしまおうか、でもまた寒《さむ》さがぶりかえすかも、とぐずぐずしまえずにいる状態《じょうたい》。冬《ふゆ》の季語《きご》である「こたつ」に「春《はる》」をつけておもしろい季語《きご》ができました。似《に》たようなものに**春火鉢《はるひばち》**、**春《はる》の炉《ろ》**なども。きどらないくらしのようすが感《かん》じられることば。

かくれんぼ入《い》りてふくらむ春炬燵《はるごたつ》　八染藍子《やそめあいこ》

【耕《たがや》す】

田んぼや畑《はたけ》に種《たね》をまく前《まえ》に、土を掘《ほ》り起《お》こし、すき返《かえ》し、やわらかくすることをいいます。むかしは牛《うし》や馬《うま》で耕《たがや》した地方《ちほう》もありましたが、現在《げんざい》はトラクターで耕《たがや》すのが一般的《いっぱんてき》。農家《のうか》の人の仕事《しごと》がいよいよ本格化《ほんかくか》する、そんないきおいを感《かん》じる春《はる》の風景《ふうけい》です。

耕《たがや》すや伝説《でんせつ》の地《ち》を少《すこ》しずつ　京極杞陽《きょうごくきよう》

【春眠《しゅんみん》】

あたたかい春《はる》の朝《あさ》、いつまでも眠《ねむ》いようす。むかしの中国《ちゅうごく》の詩《し》にでてくる「春眠暁《しゅんみんあかつき》を覚《おぼ》えず」ということばが有名《ゆうめい》です。そろそろ起《お》きなきゃと思《おも》いながら、だらだらと朝寝坊《あさねぼう》する気持《きも》ちよさといったら！　眠《ねむ》いのは春《はる》のせい、ということにして、もう少《すこ》しだけ……。

春眠《しゅんみん》をむさぼりて悔《くい》なかりけり

久保田万太郎《くぼたまんたろう》

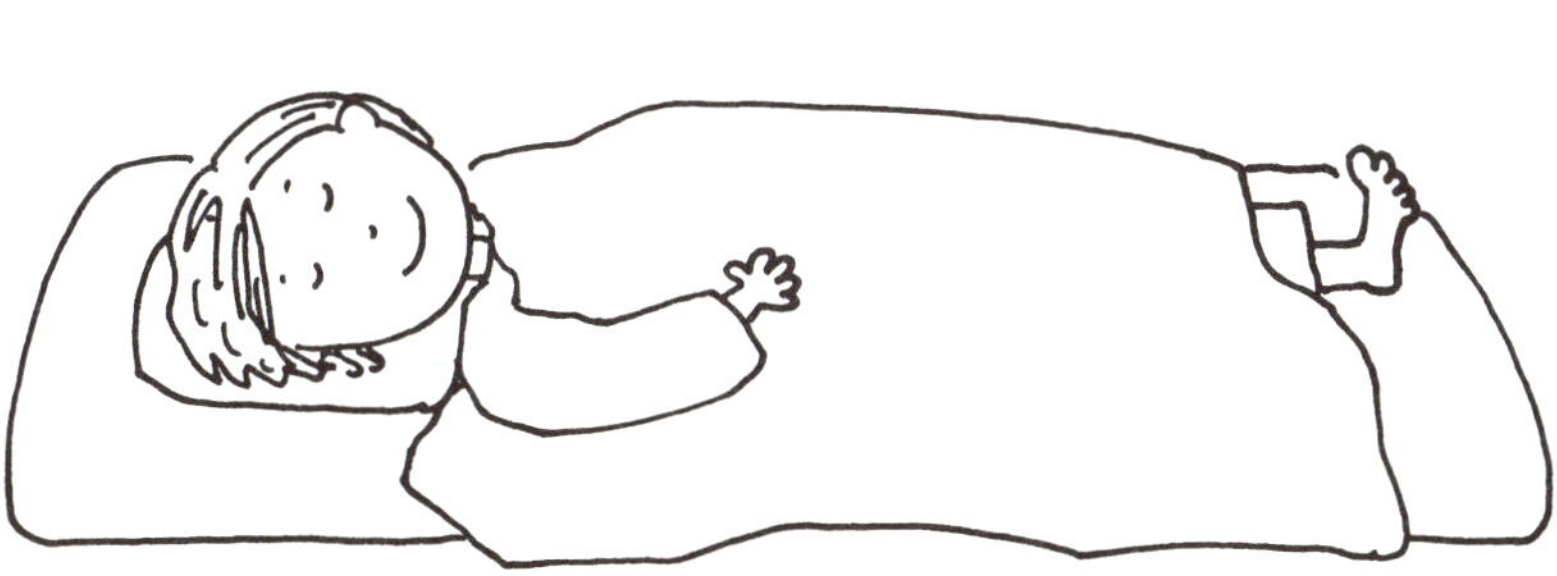

どうぶつ

【ひばり（雲雀）】

すずめよりひとまわり大きい、茶色《ちゃいろ》い鳥《とり》。草原《そうげん》、畑《はたけ》、川原《かわら》などに巣《す》をつくります。上空《じょうくう》に向《む》かってまっすぐまいあがり、すんだ声《こえ》でさえずります。「あ、ひばりの声《こえ》が聞《き》こえる」と空を見あげると、ずいぶん高《たか》いところを飛《と》んでいるひばりを発見《はっけん》。空全体《ぜんたい》が春《はる》です。

どの雲《くも》も何《なに》かに見《み》える初《はつ》ひばり　朝妻力《あさづまりき》

【うぐいす（鶯）】

すずめほどの大きさの鳥《とり》で、千二百年以上前《いじょうまえ》の和歌《わか》にもでてくるほど日本人にはおなじみ。春《はる》になると「ホーホケキョ」と鳴《な》きます。はじめはぎこちない鳴《な》き方《かた》ですが、練習《れんしゅう》してだんだん上手《じょうず》になっていきます。春《はる》にはじめて聞《き》くうぐいすの声《こえ》は初音《はつね》といいます。

うぐひ《（い）》すのケキョに力《ちから》をつかふ《（う）》なり　辻桃子《つじももこ》

【つばめ（燕）】

体長《たいちょう》十七センチほどの鳥《とり》。せなかは青黒《あおぐろ》く、おなかは白で、顔《かお》の一部《いちぶ》とのどが赤い。春《はる》になると南《みなみ》から飛《と》んできて、家《いえ》の軒下《のきした》などに巣《す》をつくり、子育《こそだ》てをします。ビューン！ といきおいよく飛《と》んでいき、空中《くうちゅう》でヒョイッ！ と身《み》をひるがえす姿《すがた》はかっこいい。

城《しろ》を出《で》て町《まち》の燕《つばめ》となりゆけり

上田五千石《うえだごせんごく》

【ちょう（蝶）】

うつくしい羽《はね》をもつちょうは、世界中《せかいじゅう》で愛《あい》されている昆虫《こんちゅう》。多《おお》くは、春《はる》から秋《あき》まで飛《と》びますが、ちょうは春《はる》の季語《きご》です。その年、最初《さいしょ》に目にするちょうは**初蝶**《はっちょう》といいます。やわらかい日ざしのなかをヒラヒラと飛《と》ぶ姿《すがた》に、かろやかさ、明《あか》るさを感《かん》じます。

てふてふ《(ちょうちょう)》を空気《くうき》の揺《ゆ》らぎとも思《おも》ふ《(う)》

仙田洋子《せんだようこ》

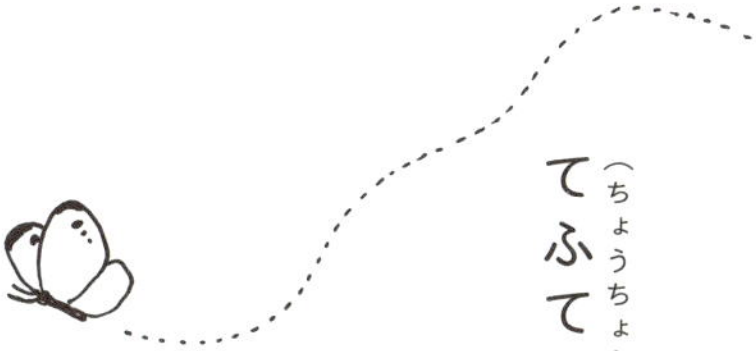

【はち（蜂）】

春《はる》の花には、みつや花粉《かふん》をもとめてはちがやってきます。日本で見かけるのはミツバチ、アシナガバチ、スズメバチなど。はちの巣《す》にすんで、みつをあつめ、おしりのハリで人や動物《どうぶつ》をさすイメージですが、ハリをもたないはち、蜘蛛《くも》を食《た》べるはちもいます。

見《み》るたびに蜂《はち》の巣《す》の部屋《へや》増《ふ》えている

山口波津女《やまぐちはつじょ》

【かえる、かわず（蛙）】

春《はる》になると、冬眠《とうみん》からさめたかえるが土のなかからのっそりとでてきます。池《いけ》や沼《ぬま》に集《あつ》まって「ゲッゲゲッ」「クワックワックワッ」と鳴《な》きはじめると、いよいよ春本番《はるほんばん》。かえるの子の**おたまじゃくし（蝌蚪《かと》）**も春《はる》の季語《きご》です。足と手が生《は》えていく変化《へんか》がおもしろい。

門《もん》しめに出《で》て聞《きい》て居《い》る蛙《かえる》かな

正岡子規《まさおかしき》

かえるは俳《はい》句《く》界《かい》の人《にん》気《き》者《もの》

もし季語《きご》の人気ランキングをつくったら、どの季語《きご》が一番《いちばん》になるでしょう。やっぱり「桜《さくら》」でしょうか。あるいは「月」かもしれませんね。しかし桜《さくら》と月がデッドヒートをくりひろげるなか、横《よこ》からピョーン！　とおどりでて、上位《じょうい》をねらうのが「かえる」ではないだろうか、というのがわたしの読《よ》みです。だってかえるは、ふたりの有名《ゆうめい》な俳人《はいじん》の代表句《だいひょうく》に登場《とうじょう》するのです。

■古池《ふるいけ》や蛙《かわず》飛《と》び込《こ》む水《みず》の音《おと》　松尾芭蕉《まつおばしょう》

■やせ蛙《がえる》負《ま》けるな一茶《いっさ》これにあり　小林一茶《こばやしいっさ》

ね？　すごいでしょ？

さて、かえるに関《かん》する季語《きご》もいろいろあります。春《はる》になってはじめて聞《き》く蛙《かえる》の声《こえ》は**初蛙《はつかわず》**。遠《とお》くから聞《き》こえてくる声《こえ》は**遠蛙《とおかわず》**。鳴《な》く時間帯《じかんたい》によって**朝蛙《あさかわず》**、**昼蛙《ひるかわず》**、**夕蛙《ゆうかわず》**なんて呼《よ》び分《わ》けたりもします。産卵《さんらん》するヒキガエルのメスにたくさんのオスが群《む》がって鳴《な》く**蛙合戦《かわずがっせん》**なんておもしろい季語《きご》も。基本的《きほんてき》には春《はる》の季語《きご》ですが、夏《なつ》の田んぼで見られる**青蛙《あおがえる》**や**雨蛙《あまがえる》**は夏《なつ》の季語《きご》です。

■青蛙《あおがえる》おのれもペンキぬりたてか　芥川龍之介《あくたがわりゅうのすけ》

という句《く》も有名《ゆうめい》ですね。かえるって、なんともふしぎな姿《すがた》をしていて、鳴《な》き声《ごえ》もどこかユーモラスで、そのまぬけで愛《あい》らしい感《かん》じがなぜか俳句《はいく》にぴったり合《あ》うのです。うん、かえるのランキング上位進出《じょういしんしゅつ》はまちがいない！

おもしろいことば

【亀鳴《かめな》く】

亀《かめ》は声帯《せいたい》をもたず鳴《な》きません。でも俳句《はいく》の世界《せかい》では、春《はる》になるとオスの亀《かめ》がメスの亀《かめ》にむかって鳴《な》くことになっていて「亀鳴《かめな》く」という季語《きご》があります。秋《あき》の季語《きご》には**蚯蚓鳴《みみずな》く**があるけど、みみずもやっぱり鳴《な》きません。俳人《はいじん》は想像力《そうぞうりょく》がゆたかだなぁ。

亀鳴《かめな》くや男《おとこ》は無口《むくち》なるべしと
田中裕明《たなかひろあき》

【蛇穴《へびあな》を出《い》づ】

春《はる》がきて、冬眠《とうみん》していたへびが穴《あな》からでてくること。実際《じっさい》はそんな場面《ばめん》はなかなか見られないけど、「へびがのそのそとはいだしてくる感《かん》じの日だなぁ」という気分《きぶん》のときにつかう季語《きご》です。秋《あき》には反対《はんたい》に**蛇穴《へびあな》に入《い》る**という季語《きご》があるからおもしろい。

蛇穴《へびあな》を出《で》れば飛行機日和《ひこうきびより》かな
幸田露伴《こうだろはん》

【水温《みずぬる》む】

冬《ふゆ》のあいだはさわると痛《いた》いほど冷《つめ》たかった川や湖《みずうみ》の水が、春《はる》になると少《すこ》しずつあたたかくなっていきます。それが「水温《みずぬる》む」。じっとしていた魚《さかな》たちも春《はる》を感《かん》じて活発《かっぱつ》におよぎまわるようになります。洗濯《せんたく》やそうじなど水《みず》仕事《しごと》のつらさもやわらぎ、ホッとする季語《きご》。

犬《いぬ》の舌赤《したあか》く伸《の》びたり水温《みずぬる》む

高浜虚子《たかはまきょし》

【別《わか》れ霜《じも》】

春《はる》の終《お》わりに降《お》りる霜《しも》のこと。霜《しも》は冬《ふゆ》の季《き》語《ご》ですが、春《はる》になっても寒《さむ》い夜《よる》には霜《しも》が降《お》ります。本州《ほんしゅう》で最後《さいご》の霜《しも》が観測《かんそく》されるのは、四月のおわりから五月のはじめで、農作物《のうさくぶつ》への被害《ひがい》がでることも。ようやく霜《しも》とはお別《わか》れだ、とうれしい気持《きも》ちがこもったことば。

波《なみ》のない海《うみ》は退屈《たいくつ》別《わか》れ霜《じも》

栗原京子《くりはらきょうこ》

【鳥雲《とりくも》に入《い》る】

冬《ふゆ》を日本で過《す》ごしたわたり鳥《どり》は、春《はる》になると北《きた》へ帰《かえ》ります。その帰《かえ》っていく鳥《とり》たちが雲《くも》のなかに消《き》えていくようすをとらえたことば。なんとなくさびしいような、遠《とお》くへ思《おも》いをはせるような、そんな気分《きぶん》でつかう季語《きご》です。「鳥雲《とりくも》に」だけをつかう場合《ばあい》もあります。

【蛙《かわず》の目借時《めかりどき》】

なんで春《はる》は眠《ねむ》いんだろう？　外《そと》では、おたまじゃくしがかえるになるころで、かえるの大合唱《だいがっしょう》がはじまります。そうか、眠《ねむ》いのはきっと、かえるたちが人間《にんげん》の目を借《か》りていくからだ！　と考《かんが》えた人がいて、こんな季語《きご》ができました。のんきで楽《たの》しい季語《きご》だなぁ。

【猫《ねこ》の恋《こい》】

春《はる》は、猫《ねこ》にとって恋《こい》の季節《きせつ》（発《はっ》情期《じょうき》といって、年に何度《なんど》かその時期《じき》がやってきます）。オス猫《ねこ》は「ニャーオ、ニャーオ」と大きな声《こえ》をだしてメス猫《ねこ》をおいまわします。えさも食《た》べず、何日《なんにち》も家《いえ》に帰《かえ》ってこないことも。恋《こい》に心《こころ》をうばわれる猫《ねこ》のようすは、少《すこ》しうらやましい。

鳥雲《とりくも》に入《い》る灯台《とうだい》に窓《まど》一つ　日下野《ひがの》由季《ゆき》

目借時《めかりどき》ピクンピクンと猫《ねこ》の髭《ひげ》　鶴濱《つるはま》節子《せつこ》

恋《こい》の猫《ねこ》そんなに唸《うな》らんでもええやん　稲畑《いなはた》廣太郎《こうたろう》

【落《おと》し角《づの》】

鹿《しか》の角《つの》は、春《はる》から初夏《しょか》にかけて生《は》え変《か》わります。

まず生《は》えている角《つの》が落《お》ちる。それを**角《つの》落《お》ちる**とか落《おと》し角《づの》といいます。

そのあと、やわらかい皮膚《ひふ》におおわれた新《あたら》しい角《つの》が生《は》えてきます。

これは**袋角《ふくろづの》**と呼《よ》ばれ、夏《なつ》の季語《きご》。秋《あき》には立派《りっぱ》な角《つの》になるのだからふしぎだなぁ。

角《つの》落《お》ちてはづ《(ず)》かしげなり山《やま》の鹿《しか》

小林一茶《こばやしいっさ》

【遅日《ちじつ》】

遅《おそ》い日ってなんだ？　これは「日が暮《く》れるのが遅《おそ》くなってきた」ことをあらわす季語《きご》です。だんだん日が長《なが》くなって、夕方《ゆうがた》になっても外《そと》はまだ明《あか》るい。気持《きも》ちものびのびしてきます。**日永《ひなが》**、**永日《えいじつ》**、**永《なが》き日《ひ》**、**遅《おそ》き日《ひ》**、**暮遅《くれおそ》し**などいろんないい方《かた》があります。

縄《なわ》とびの端《はし》もたさるる遅日《ちじつ》かな

橋閒石《はしかんせき》

【山笑《やまわら》う】

春《はる》の山は明《あか》るくてにぎやかです。木々《きぎ》が芽吹《めぶ》き、色《いろ》とりどりの花が咲《さ》き、生きものが動《うご》きだし……まるで山が「ワハハ」「ウフフ」と笑《わら》っているみたい。と感《かん》じたのは、いまから千年ほど前《まえ》の中国《ちゅうごく》の画家《がか》です。おかげで「山《やま》笑《わら》う」なんていう楽《たの》しい季語《きご》が生《う》まれました。

山笑《やまわら》ふ《(う)》みづ《(ず)》うみ笑《わら》ひ《(い)》返《かえ》しけり

大串章《おおぐしあきら》

春《はる》はワハハ、冬《ふゆ》はスヤスヤ

「山笑《やまわら》う」という楽《たの》しい季語《きご》の生《う》みの親《おや》は、中国《ちゅうごく》の郭熙《かくき》さん。およそ千年前《まえ》に、北宋《ほくそう》という国《くに》の宮廷画家《きゅうていがか》として活躍《かつやく》しました。自然《しぜん》が大好《だいす》きで、「山の絵《え》を描《か》くためには、まず山に行《い》って遊《あそ》び、観察《かんさつ》することだ」という考《かんが》えをもっていたといいます。まず遊《あそ》ぶってのがいいですねぇ。

じつは「山笑《やまわら》う」には、きょうだいのことばがあと三つあります。夏《なつ》の「山滴《やましたた》る」、秋《あき》の「山《やま》粧《よそお》う」、冬《ふゆ》の「山眠《やまねむ》る」。季節《きせつ》ごとの山のようすを、郭熙《かくき》さんがいいあらわしたことばです。

山滴《やましたた》るは、夏《なつ》の季語《きご》。青々《あおあお》と茂《しげ》った山です。みずみずしく、山全体《やまぜんたい》が生き生きしている感《かん》じが伝《つた》わってきます。

頂《いただ》きに神《かみ》を祀《まつ》りて山滴《やましたた》る　高橋悦男《たかはしえつお》

山粧《やまよそお》うの「粧《よそお》う」とは美《うつく》しく飾《かざ》るという意味《いみ》。山の木々《きぎ》が紅葉《こうよう》し、赤や黄色《きいろ》に色《いろ》づいているさまをいう秋《あき》の季語《きご》。

雲《くも》ひとつ抱《だ》いて離《はな》さず山粧《やまよそお》ふ(う)　坂本緑《さかもとみどり》

そして冬《ふゆ》は**山眠《やまねむ》る**。しーんと静《しず》まり返《かえ》った冬《ふゆ》の山を、眠《ねむ》っているようだと表現《ひょうげん》するなんて、センスがあるなぁ。

うずくまる僕《ぼく》は科学者山眠《かがくしゃやまねむ》る　井伊辰也《いいたつや》

それにしても郭熙《かくき》さん、自分《じぶん》がいったことばが千年もあとの日本で俳句《はいく》につかわれるなんて、想像《そうぞう》もしなかったでしょうね。これからも大事《だいじ》につかわせてもらいます。

季語《きご》は季節《きせつ》を先取《さきど》りしている？

たけのこは春《はる》の味覚《みかく》かと思《おも》いきや、夏《なつ》の季語《きご》。すいかといえば夏《なつ》だろうって気がするけど秋《あき》の季語《きご》。「む？　なんか季節感《きせつかん》と季語《きご》、ずれてない？」と思《おも》うことがときどきあります。なぜでしょうか。

●二十四節気《にじゅうしせっき》

俳句《はいく》の世界《せかい》の春夏秋冬《しゅんかしゅうとう》は、二十四節気《にじゅうしせっき》によって決《き》められています。これは一年間《ねんかん》を二十四の季節《きせつ》に分《わ》けたもので、古代中国《こだいちゅうごく》の暦《こよみ》がもとになっています。立春《りっしゅん》（二月四日ごろ）を過《す》ぎたら、どんなに寒《さむ》くても春《はる》。同《おな》じように、立夏《りっか》、立秋《りっしゅう》、立冬《りっとう》が季節《きせつ》の区切《くぎ》れめになっています。

―― 二十四節気早見表《にじゅうしせっきはやみひょう》（すべてが季語《きご》！）――

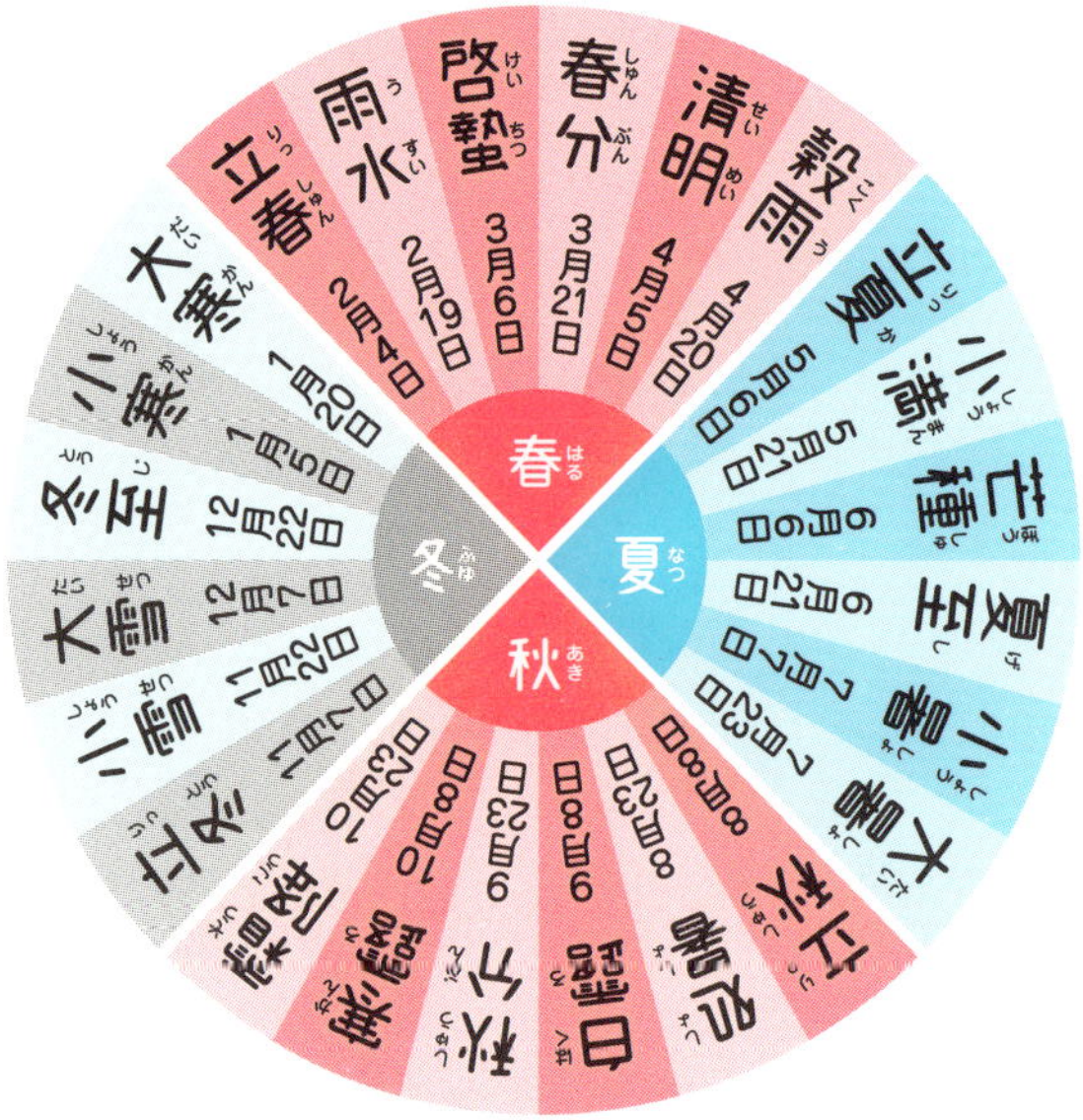

※日付《ひづけ》はおよそのものです。

●旧暦《きゅうれき》

もうひとつややこしいのは、俳句《はいく》をつくりはじめた時代《じだい》と現代《げんだい》では使《つか》っている暦《こよみ》（カレンダー）がちがうこと。むかしの暦《こよみ》を旧暦《きゅうれき》、今《いま》のものを新暦《しんれき》と呼《よ》びます。旧暦《きゅうれき》はお月さまの満《み》ち欠《か》けを中心《ちゅうしん》としてひと月が決《き》められていて、新暦《しんれき》とくらべると一カ月から一カ月半《はん》くらい遅《おく》れています。だから旧暦《きゅうれき》で日にちが決《き》まっていた伝統行事《でんとうぎょうじ》を新暦《しんれき》でおこなうと、季節《きせつ》を先《さき》取《ど》りしている感《かん》じがするのです。

俳句《はいく》で遊《あそ》ぶ人は、この季節感《きせつかん》のずれを楽《たの》しんでいるようです。過《す》ぎた季節《きせつ》の季語《きご》をつかうのはダサい、でも季節《きせつ》を先取《さきど》りする季語《きご》はかっこいい、という考《かんが》えがあるみたい。おしゃれな人が季節《きせつ》を先取《さきど》りした服《ふく》を着《き》るのに似《に》ているのかな。

夏

【涼《すず》し】

大《だい》の字《じ》に寝《ね》て涼《すず》しさよ淋《さび》しさよ

小林一茶《こばやしいっさ》

夏《なつ》といえば「暑《あつ》い」。

だからこそ「すずしい」ことに価値《かち》があります。

木陰《こかげ》、水辺《みずべ》、風通《かぜとお》しのいい部屋《へや》など、すずしい場所《ばしょ》を想像《そうぞう》するだけでうっとり。

日が暮《く》れて一番星《いちばんぼし》がでるころ、「あぁ、やっとすずしくなってきた」なんてホッとするのも楽《たの》しい夏《なつ》のひとときです。

どうぶつ

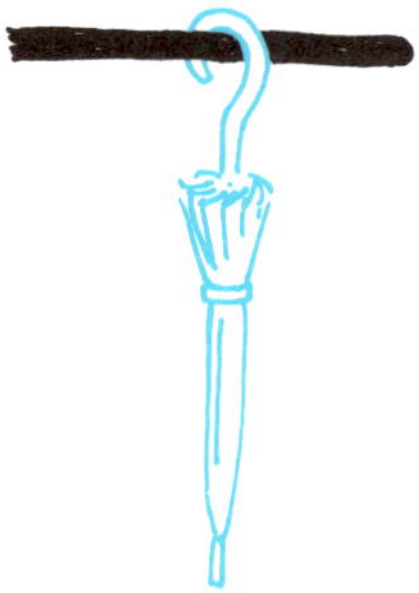

【かたつむり（蝸牛）】

うずまき型《がた》の殻《から》を背負《せお》い、二本の角《つの》（触覚《しょっかく》）をもつ、陸《りく》にすむ巻貝《まきがい》。日本のかたつむりは湿気《しっけ》を好《この》み、夏《なつ》の雨の日に木の葉《は》などをはいまわっている姿《すがた》が見られます。むかしから子どもに人気があり、**でんでんむし**、**まいまい**というかわいい呼《よ》び名もついています。

テスト前殻《まえから》から出《で》ないかたつむり

中学三年生

【あめんぼ】

細長《ほそなが》い足をもち、池《いけ》や沼《ぬま》の水面《すいめん》をすべるように動《うご》きまわる虫。軽《かろ》やかな動《うご》きは水面《すいめん》を歩《ある》く忍者《にんじゃ》のようです。黒《くろ》くてつやつやした殻《から》をもつ**みずすまし**も水面《すいめん》にいます。こちらは腹《はら》ばいになってちょこまか動《うご》く虫。夏《なつ》の水辺《みずべ》で出《で》会《あ》うおもしろい仲間《なかま》たち。

アメンボと水泳《すいえい》したら勝《か》てるかな

小学六年生

【てんと(う)むし(天道虫)】

体長《たいちょう》一センチ以下《いか》の虫で、背中《せなか》は丸《まる》くつやつやしていて、黒《くろ》や赤の斑点《はんてん》があります。ナナホシテントウは赤い背中《せなか》に七つの黒《くろ》い点《てん》がついている種類《しゅるい》。見ためがかわいく、植物《しょくぶつ》につく害虫《がいちゅう》のアブラムシを食《た》べる習性《しゅうせい》もあり、好《す》かれています。夏《なつ》、原《はら》っぱで見かけます。

のぼりゆく草細《くさほそ》りゆく天道虫《てんとむし》

中村草田男《なかむらくさたお》

【雨蛙《あまがえる》】

体長《たいちょう》四センチほどのかえるで、葉《は》っぱの上にいるときは全身《ぜんしん》が緑色《みどりいろ》でお腹《なか》は白い。夏《なつ》、水辺《みずべ》や田んぼにでてきて「クワックワッ」と鳴《な》きます。雨が降《ふ》る前《まえ》に鳴《な》くためこの名前《なまえ》がつきました。人をあまりこわがらず、小さいけれど堂々《どうどう》と生きている。**青蛙**《あおがえる》も夏《なつ》の季語《きご》。

学校《がっこう》のロッカーの上《うえ》の青蛙《あおがえる》

波田美智子《はだみちこ》

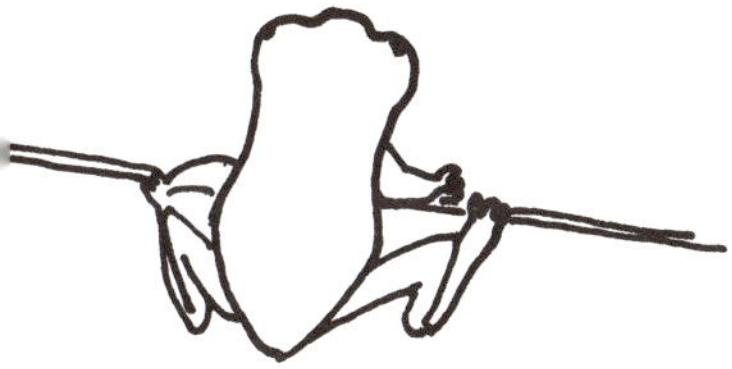

はえ（蝿）

「ブーン」という羽音《はおと》をさせながら、犬のフンや食《た》べものなどの上を飛《と》びまわる虫。手ではらうと逃《に》げるが、またすぐにもどってくるのがうっとうしく、病原菌《びょうげんきん》を運《はこ》ぶ汚《きたな》い虫としてきらわれています。でも刺《さ》したりかんだりするわけではないし、どこか愛嬌《あいきょう》のある生きものです。

あり（蟻）

土のなかに巣《す》をつくり、集団《しゅうだん》ですむ小さな虫。あまいものが好《す》きで、地面《じめん》に砂糖《さとう》をおいておくと寄《よ》ってきて、行列《ぎょうれつ》をつくって巣《す》にもちかえります。自分《じぶん》の体《からだ》より大きな虫の死骸《しがい》を運《はこ》ぶ姿《すがた》も見られます。イソップ童話《どうわ》「アリとキリギリス」のおかげで働《はたら》き者《もの》のイメージ。

くも（蜘蛛）

お腹《なか》から糸をだす八本足の虫。夏《なつ》の夕方《ゆうがた》、木の枝《えだ》のあいだや軒《のき》下《した》などに、糸をつかって巣《す》を張《は》る姿《すがた》が見られます。巣の横糸《よこいと》はネバネバしていて、そこに引《ひ》っかかった虫がくものえさに。「朝《あさ》ぐもを見ると縁起《えんぎ》がいい」ともいい、日本人にとって親《した》しみのある生きもの。

蝿《はえ》とんでくるや箪笥《たんす》の角《かど》よけて　京極杞陽《きょうごくきよう》

蟻《あり》の列《れつ》しづ（ず）かに蝶《ちょう》をうかべたる　篠原梵《しのはらぼん》

雨《あめ》の降《ふ》る日《ひ》の蜘蛛《くも》ばかり見《み》てゐ（い）たる　村田篠《むらたしの》

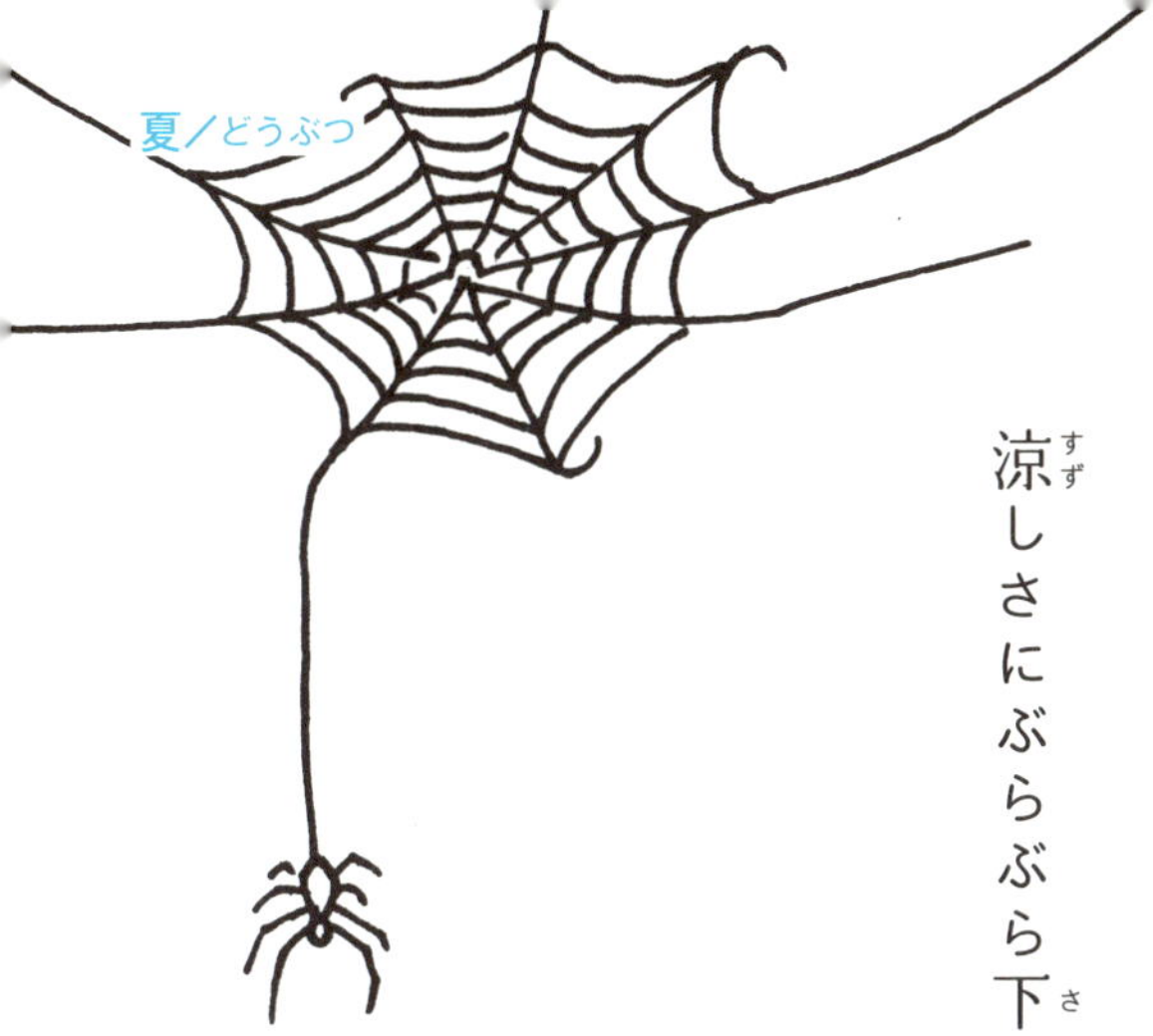

【毛虫《けむし》】

ちょうや蛾《が》の幼虫《ようちゅう》。黒《くろ》っぽい毛《け》があり、不気味《ぶきみ》な外見《がいけん》の毛虫《けむし》はきらわれ者《もの》です。畑《はたけ》の作物《さくもつ》や庭木《にわき》を食《く》い荒《あ》らす種《しゅ》類《るい》や、毒《どく》をもっていて刺《さ》す種類《しゅるい》もいて、夏《なつ》になると殺虫《さっちゅう》剤《ざい》をまいたり焼《や》いたりして追《お》いはらいます。**毛虫焼《けむしや》く**も夏《なつ》の季語《きご》。なんだかかわいそうだけど……。

涼《すず》しさにぶらぶら下《さ》がる毛虫《けむし》かな　小林一茶《こばやしいっさ》

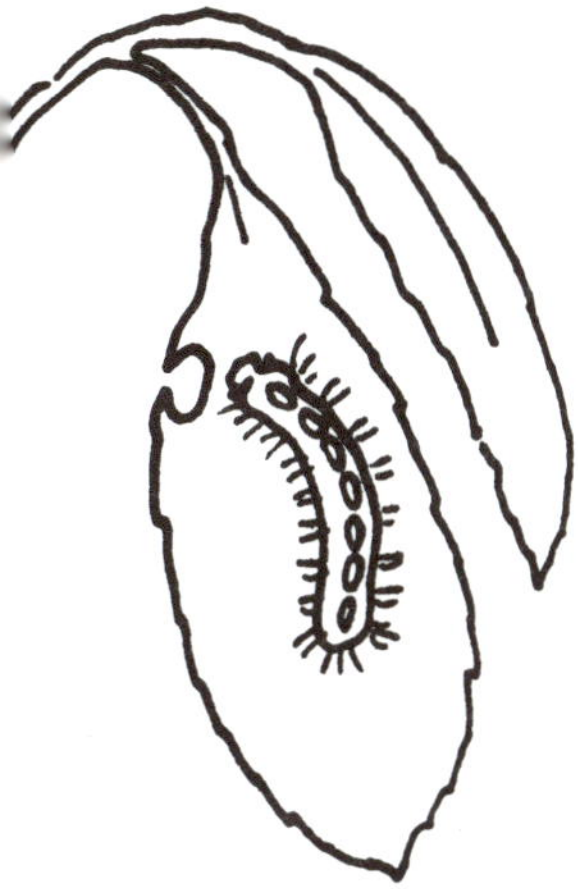

【ほたる（蛍）】

きれいな水がある場所《ばしょ》にすむ虫で、夏《なつ》の夜《よる》、お尻《しり》から青白い光《ひかり》をだします。闇《やみ》のなかをほたるの光《ひかり》が飛《と》びまわる風景《ふうけい》は幻想的《げんそうてき》で、むかしから文学や絵《え》に描《えが》かれてきました。「ほーほーほたるこい」と歌《うた》いながらほたるを見にいく夜《よる》の散歩《さんぽ》は少《すこ》しドキドキ。

じゃんけんで負《ま》けて蛍《ほたる》に生《う》まれたの
池田澄子《いけだすみこ》

【とかげ（蜥蜴）】

四本足で歩《ある》く、細長《ほそなが》い生きもの。世界最大《せかいさいだい》のとかげは四メートル以上《いじょう》で、最小《さいしょう》のものは三センチほど。ずいぶん差《さ》があるなぁ。日本では夏《なつ》に、二十センチほどの茶色《ちゃいろ》いとかげが岩《いわ》のすき間《ま》や草むらをすばしこくはいまわる。とかげに似《に》た、**やもり、いもり**も夏《なつ》の季語《きご》。

蜥蜴《とかげ》の切《き》れた尾《お》がはねている太陽《たいよう》
尾崎放哉《おざきほうさい》

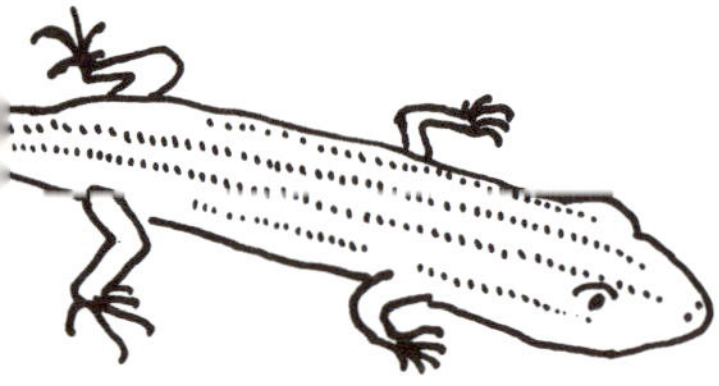

【かぶとむし】

黒《くろ》くてかたい殻《から》をもつ虫。オスは大きな角《つの》が生《は》えています。力が強《つよ》く、姿《すがた》もかっこいいので人気ばつぐん。幼虫《ようちゅう》、さなぎと姿《すがた》を変《か》えながら成長《せいちょう》し、夏《なつ》のはじめに成虫《せいちゅう》となって土のなかからでてきます。早朝《そうちょう》、クヌギやコナラの林でかぶと虫を捕《つか》まえるのも夏《なつ》の楽《たの》しみ。

かぶと虫《むし》大《おお》きいつのは男前《おとこまえ》

小学六年生

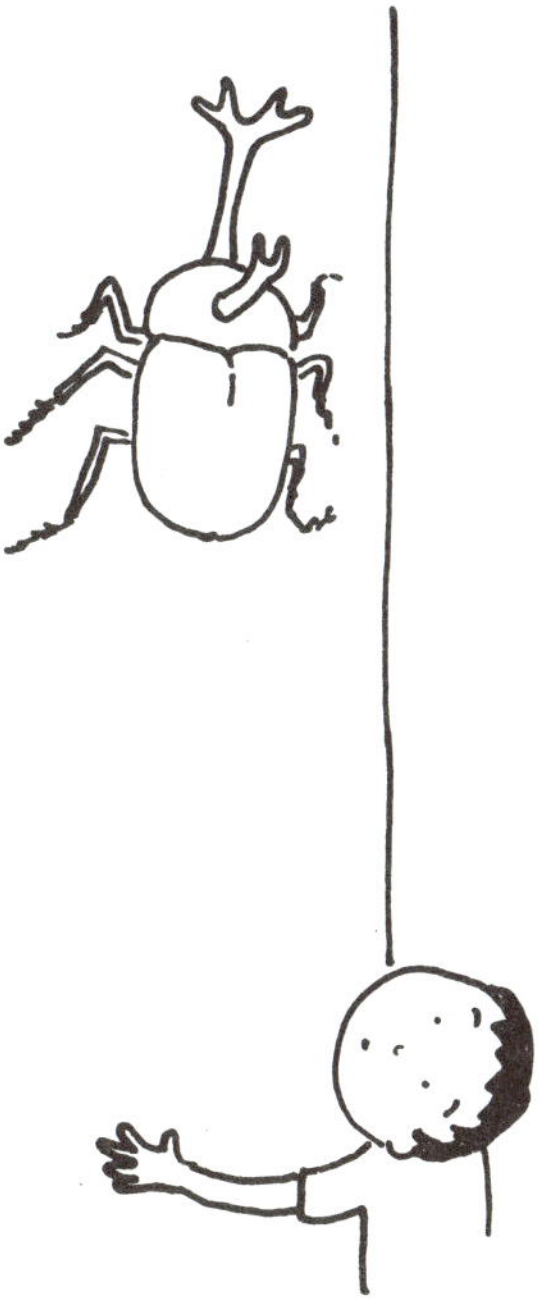

【金魚《きんぎょ》】

赤い尾《お》びれをひらひらさせながら泳《およ》ぐ金魚《きんぎょ》はすずしげで、夏《なつ》の季語《きご》。金魚《きんぎょ》すくいは夏祭《なつまつ》りの定番《ていばん》です。水槽《すいそう》で飼《か》うと、元気《げんき》な金魚《きんぎょ》ものんびりした金魚《きんぎょ》もいて、見あきない。もとは中国《ちゅうごく》で鮒《ふな》を観賞用《かんしょうよう》に改良《かいりょう》したもの。**出目金《でめきん》**、**蘭鋳《らんちゅう》**など種類《しゅるい》が豊富《ほうふ》です。

あの金魚《きんぎょ》泳《およ》がしたいな大空に

小学六年生

【蚊《か》】

夏《なつ》に飛《と》ぶ小型《こがた》の虫。メスは人や動物《どうぶつ》の血《ち》を吸《す》い、蚊《か》に刺《さ》された場所《ばしょ》はかゆくなります。なんとか蚊《か》に刺《さ》されないようにと、むかしから**蚊帳**《かや》をつったり、**蚊取り線香**《かとりせんこう》をたいたりしてきました。きらわれ者《もの》の蚊《か》ですが、蚊《か》のおかげで季語《きご》がいろいろ生まれたんだなぁ。

寝《ね》てる間《ま》の蚊《か》の襲撃《しゅうげき》は卑怯《ひきょう》だぞ

中学一年生

【くらげ（海月）】

おわんをふせたような形《かたち》で、海《うみ》のなかをただよう生きもの。体《からだ》はゼリーのようで透《す》けています。毒針《どくばり》をもっている種類《しゅるい》もいて、海水浴《かいすいよく》のときに刺《さ》されることも。食用《しょくよう》くらげは酢《す》のものなどにして食《た》べます。ふーわふーわと水《すい》中《ちゅう》に浮《う》かぶ姿《すがた》は幻想的《げんそうてき》で、水族館《すいぞくかん》の人気者《にんきもの》。

白雲《しらくも》の影《かげ》きれぎれの海月《くらげ》かな

加藤暁臺《かとうぎょうだい》

こうもり（蝙蝠）

暗《くら》くなると飛《と》び回《まわ》る小型《こがた》の生きもの。鳥《とり》ではなく哺乳類《ほにゅうるい》で、つばさは前脚《まえあし》が進化《しんか》したもの。夏《なつ》から秋《あき》にかけて、夕暮《ゆうぐ》れ時《どき》の空に「キーキー」と高《たか》い声《こえ》で鳴《な》きながら飛《と》び回《まわ》る姿《すがた》が見られます。ちょっと不気味《ぶきみ》でもあり、幻想的《げんそうてき》でもあり。**かわほり**、**蚊喰鳥《かくいどり》**ともいいます。

かわほりや仁王《におう》の腕《うで》にぶらさがり

小林一茶《こばやしいっさ》

へび（蛇）

手足をもたず、ニョロニョロと細《ほそ》長《なが》い生きもの。日本にすむのは**青大《あおだい》将《しょう》**や**やまかがし**、**蝮《まむし》**など。夏《なつ》に草むらや水面《すいめん》をシュルシュルと進《すす》む姿《すがた》が見られます。ふしぎな姿《すがた》と、脱皮《だっぴ》する習性《しゅうせい》などから、へびを神《かみ》さまの化身《けしん》だとする考《かん》え方《かた》は古《ふる》くから世界中《せかいじゅう》にあるようです。

蛇《へび》逃《に》げて我《われ》を見《み》し眼《め》の草《くさ》に残《のこ》る

高浜虚子《たかはまきょし》

せみ（蝉）

夏《なつ》に木の幹《みき》や枝《えだ》にとまり、大きな声《こえ》で鳴《な》く虫。**油蝉《あぶらぜみ》**は「ジージー」、**みんみん蝉《ぜみ》**は「ミーンミーン」、**熊蝉《くまぜみ》**は「シャーシャー」。日本人はせみの声《こえ》をうるさいとは感《かん》じず、「あぁ夏《なつ》だなぁ」としみじみします。降《ふ》るようなせみの声《こえ》を**蝉時雨《せみしぐれ》**といい、そのことばもすてき。

ごきぶり

黒《くろ》や茶色《ちゃいろ》の光沢《こうたく》のあるひらべったい体《からだ》に長《なが》い触角《しょっかく》をもつ虫。蒸《む》し暑《あつ》い季節《きせつ》に台所《だいどころ》などにでてきて、人をおどろかせます。退治《たいじ》しようとするとカサコソと素早《すばや》い動《うご》きで逃《に》げるのが不気味《ぶきみ》で憎《にく》たらしい。でも約三億《やくさんおく》年前《まえ》から生きているというから人類《じんるい》の大《だい》先輩《せんぱい》です。

かに（蟹）

俳句《はいく》でかにという場合《ばあい》は、ゆでて身《み》をほじくって食《た》べる大きなかにではなく、川辺《かわべ》や磯《いそ》でちょこちょこと動《うご》き回《まわ》る小さな**沢蟹《さわがに》**や**磯蟹《いそがに》**を指《さ》します。夏《なつ》、きれいな水辺《みずべ》で遊《あそ》んでいると姿《すがた》を見せます。ときどきお腹《なか》に卵《たまご》を抱《かか》えているメスもいてうれしくなる。**ザリガニ**も夏《なつ》の季語《きご》。

蝉時雨《せみしぐれ》虎《とら》うつくしく背《せ》を伸《の》ばす　宮本佳世乃《みやもとかよの》

髭《ひげ》の先《さき》までごきぶりでありにけり　行方克巳《なめかたかつみ》

礁《いくり》に群《む》れて夕焼《ゆうやけ》よりも赤《あか》き蟹《かに》　木下夕爾《きのしたゆうじ》

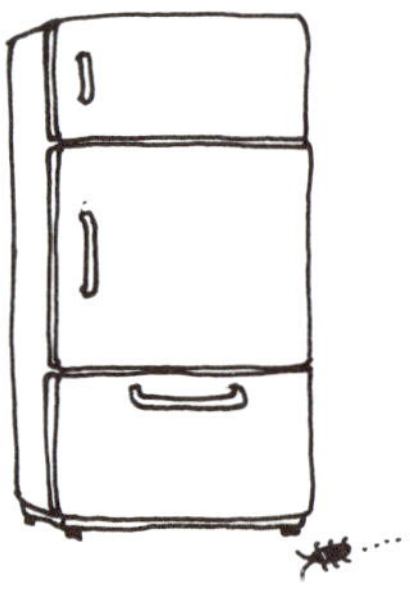

【みみず（蚯蚓）】

土のなかにすむ、ひものような形《かたち》の生きもの。色《いろ》は赤っぽい。釣《つ》りのえさになるほか、生《なま》ゴミや土を食《た》べて分解《ぶんかい》してくれるので、みみずのフンはよい肥料《ひりょう》となります。夏《なつ》の昼《ひる》、土からでてきたみみずが、アスファルトの道《みち》の上で干《ひ》からびてしまった姿《すがた》を見かけることも。

何《なに》をしにここに出《で》てきて蚯蚓《みみず》死《し》す

谷野予志《たにのよし》

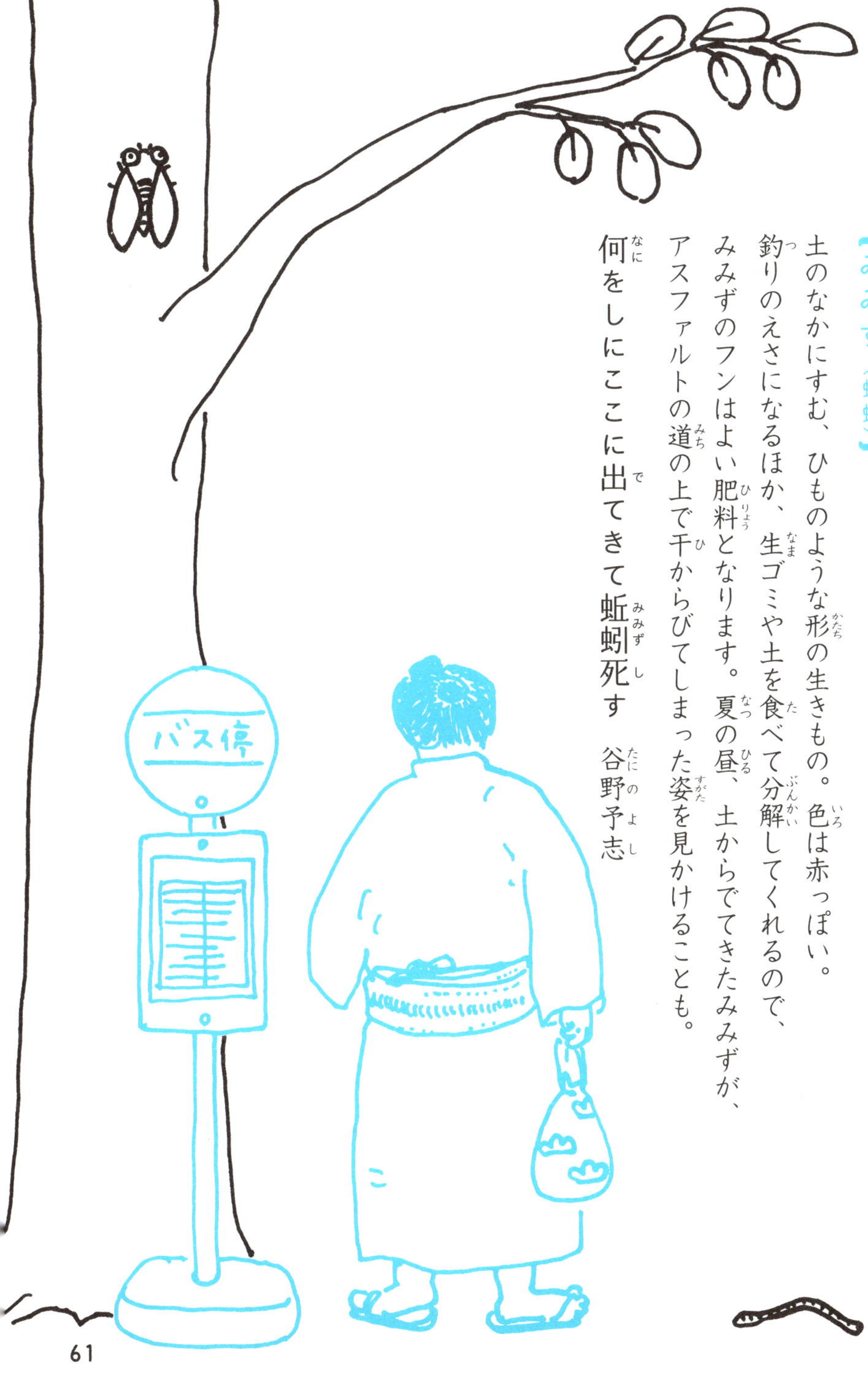

おてんき

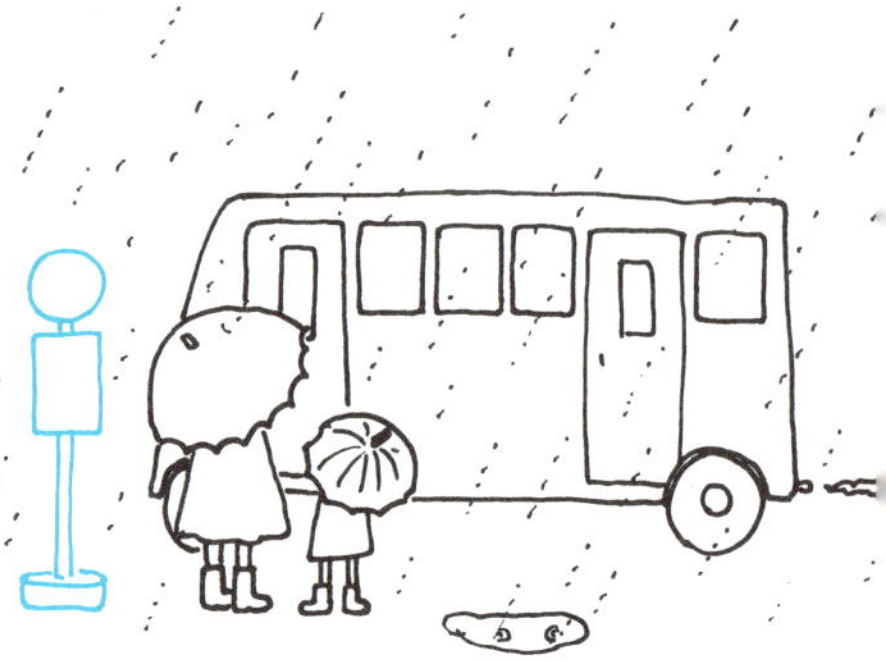

梅雨《つゆ》

六月上旬《じょうじゅん》から七月半《なか》ばごろまでの雨がよく降《ふ》る時期《じき》のこと。梅雨《つゆ》がはじまるのを**梅雨入《つゆい》り**、終《お》わるのを**梅雨明《つゆあ》け**といいます。梅雨入《つゆい》り直《ちょく》前《ぜん》に降《ふ》る雨は**走《はし》り梅雨《づゆ》**、梅雨《つゆ》なのに晴《は》れるのは**梅雨晴間《つゆはれま》**、肌寒《はだざむ》いと**梅雨寒《つゆざむ》**。じめじめした毎日《まいにち》だけど、季語《きご》が豊富《ほうふ》でうれしい。

しかられてなみだは今日《きょう》もつゆの雨《あめ》

小学二年生

南風《みなみかぜ》

夏《なつ》になると、南《みなみ》のほうからしめったあたたかい風《かぜ》が吹《ふ》いてきます。南風と書《か》いて「みなみかぜ」「なんぷう」「みなみ」「はえ」「まじ」など、いろいろな読《よ》み方《かた》をします。強《つよ》い南風《みなみかぜ》に吹《ふ》かれて髪《かみ》の毛《け》が逆立《さかだ》ち、シャツのすそがふくらむと、何《なん》だか気持《きも》ちが大きくなります。

海鳥《うみどり》の取《と》り落《お》とす餌《え》や大南風《おおみなみ》

依光陽子《よりみつようこ》

【暑《あつ》し】

梅雨《つゆ》が明《あ》けると、いよいよ夏本番《なつほんばん》。最高気温《さいこうきおん》が二十五度《ど》を超《こ》える夏日《なつび》が続《つづ》きます。俳句《はいく》の世界《せかい》では暑《あつ》さにもいろいろ種類《しゅるい》があって、夏《なつ》のはじめの「暑《あつ》くなってきたなぁ」は**薄暑**《はくしょ》、「焼《や》けるように暑《あつ》い！」は**炎暑**《えんしょ》、「うう、あつい、もう死《し》にそう……」は**酷暑**《こくしょ》・**極暑**《ごくしょ》という。

母《はは》の声暑《こえあつ》さが一層増《いっそうま》してくる　中学三年生

【炎天《えんてん》】

ギラギラと強《つよ》い日差《ひざ》しが降《ふ》りそそぐ空を指《さ》すことば。そんな空の下は**炎天下**《えんてんか》といいます。立っているだけで汗《あせ》が吹《ふ》きだし、皮膚《ひふ》がチリチリと焼《や》けてくるよう。アスファルトや浜辺《はまべ》の砂《すな》は、裸足《はだし》では歩《ある》けないほど高温《こうおん》に。太陽《たいよう》のものすごいパワーを感《かん》じます。

炎天《えんてん》の空美《そらうつく》しや高野山《こうやさん》　高浜虚子《たかはまきょし》

【夕立《ゆうだち》】

夏《なつ》の夕方《ゆうがた》に急《きゅう》に降《ふ》りだし、短時《たんじ》間《かん》でやむ激《はげ》しい雨。大粒《おおつぶ》の雨が地面《じめん》をあっというまにぬらし、外《そと》にいた人があわてて屋根《やね》の下に逃《に》げこむ……そんな夕立《ゆうだち》の風《ふう》景《けい》に、なぜか見とれてしまいます。雨のあと、ひんやりした空気が立ちこめるのも気持《きも》ちがいい。

【かみなり（雷）】

どこからともなくゴロゴロと音が鳴《な》りだし、空がピカッと光《ひか》り、最後《さいご》はドッシーン！　と大きな地《じ》ひびき。多《おお》くのかみなりは激《はげ》しい雨とともにやってきます。外《そと》にいるとこわいですが、安全《あんぜん》な場所《ばしょ》で聞《き》くかみなりの音はスリル満点《まんてん》で大好《だいす》き。遠《とお》くのゴロゴロは**遠雷**《えんらい》といいます。

【虹《にじ》】

朝《あさ》か夕方《ゆうがた》に雨がやんだ直後《ちょくご》、大気中の水滴《すいてき》に光《ひかり》が当《あ》たって七色《なないろ》の虹《にじ》ができることがあります。夕立《ゆうだち》が多《おお》い夏《なつ》は虹《にじ》ができる機会《きかい》も多《おお》いので、雨のあとは気をつけて空を見あげてください。虹《にじ》はあらわれてもすぐに消《き》えてしまいます。だからこそ虹《にじ》を見た日は一日中《いちにちじゅう》しあわせ。

夕立《ゆうだち》のなか中学生《ちゅうがくせい》が走《はし》ってく　小学六年生

遠雷《えんらい》や中学校《ちゅうがっこう》の大《おお》きな木《き》　宮本佳世乃《みやもとかよの》

黒板《こくばん》に明日《あした》の予定虹二重《よていにじふたえ》　藺草慶子《いぐさけいこ》

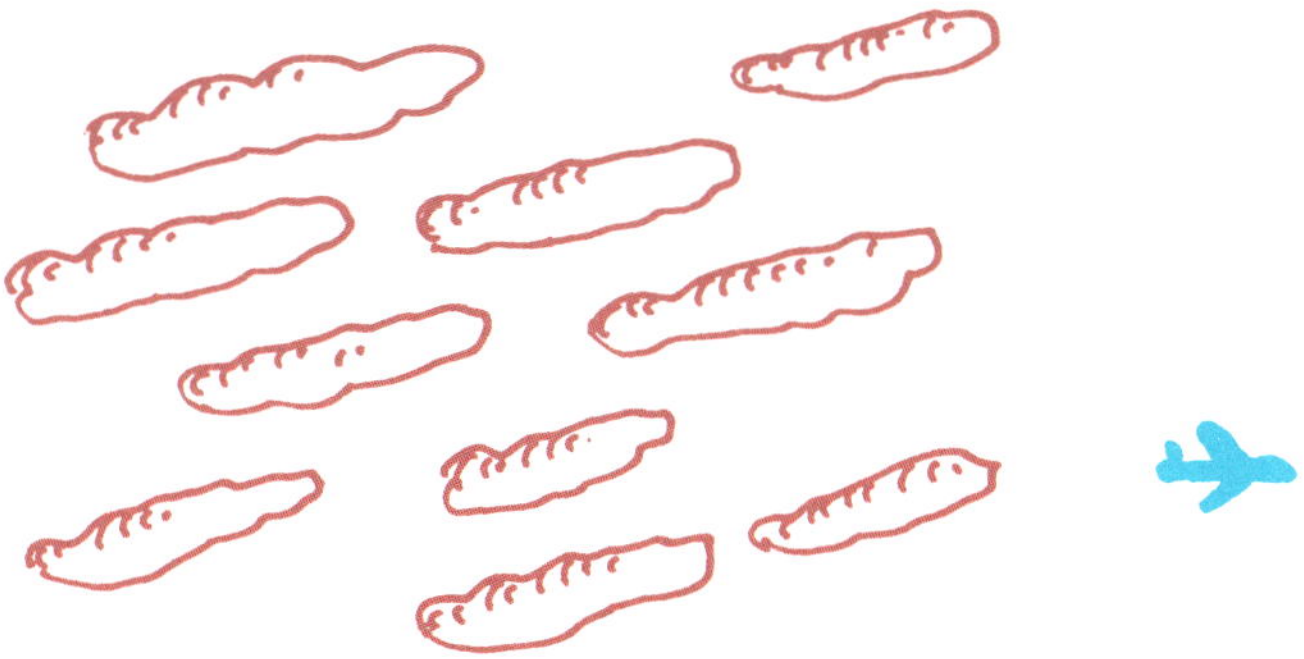

【夕焼《ゆうや》け】

太陽《たいよう》がしずむとき、西《にし》の空が赤くなること。晴《は》れていれば毎日《まいにち》見られるものですが、その美《うつく》しさは毎日《まいにち》ちがっていて、目を楽《たの》しませてくれます。夏《なつ》の季語《きご》だけあって、夏《なつ》の夕焼《ゆうや》けはとくにスケールが大きくきょうれつ。夕焼《ゆうや》け空を見ると、むかしや未来《みらい》に思《おも》いをはせたくなります。

美《うつく》しき夕焼《ゆうや》け空《ぞら》に犬《いぬ》止《と》まる

中学三年生

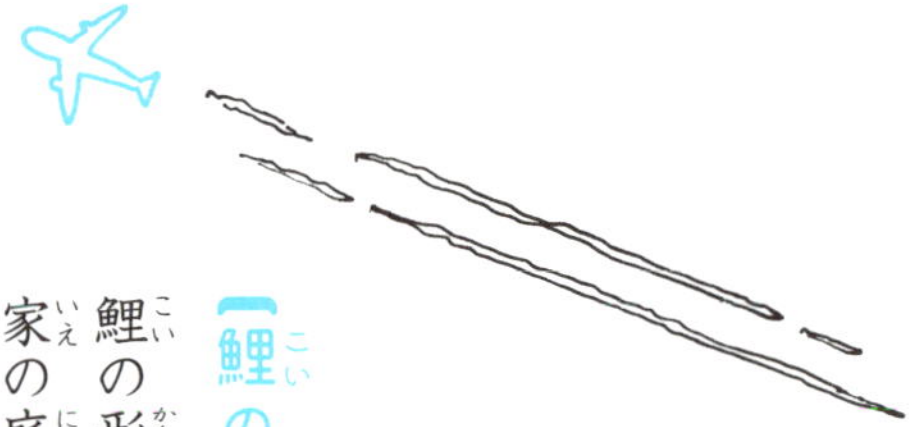

たのしいこと

【鯉《こい》のぼり】

鯉《こい》の形《かたち》をした吹流《ふきなが》し。多《おお》くは五月五日の前《まえ》に家《いえ》の庭《にわ》や川原《かわら》などに飾《かざ》ります。中国《ちゅうごく》の伝説《でんせつ》で「鯉《こい》は滝《たき》を登《のぼ》って龍《りゅう》になる」といわれ、元気《げんき》に上を目指《めざ》していくようにという願《ねが》いがこめられています。五月の空をうれしそうに泳《およ》ぐ鯉《こい》のぼりを見ると、心《こころ》がのびのび。

【こどもの日】

五月五日は古《ふる》くから**端午**《たんご》の節供《せっく》と呼《よ》ばれ、男の子の成長《せいちょう》を祝《いわ》う日でした。一九四八年に「こどもの日」という祝日《しゅくじつ》に。**ゴールデンウィーク**にあり、季節《きせつ》もさわやかで、なんとなく明《あか》るい気持《きも》ちになる日です。おじいちゃんもお父《とう》さんも、もともと子ども。

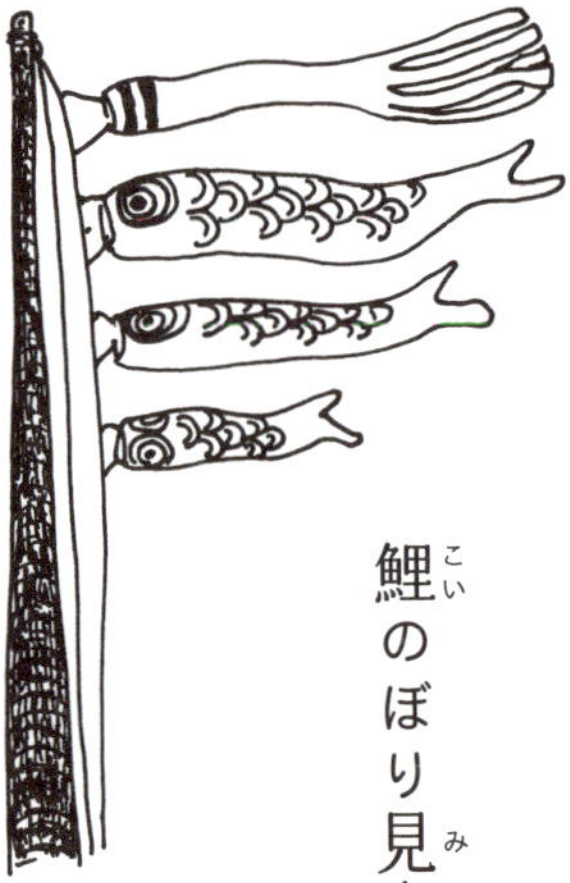

鯉《こい》のぼり見上《みあ》げてゆれる猫《ねこ》の顔《かお》　中学一年生

缶《かん》ドロップしゃかしゃか鳴《な》らすこどもの日　小学六年生

【ボート】

湖《みずうみ》や池《いけ》の貸《か》しボートは一年中《いちねんじゅう》あるけれど、夏《なつ》こそボート遊《あそ》びを楽《たの》しむ季《き》節《せつ》です。オールをこぐのには少《すこ》しコツがいりますが、うまくこげず水しぶきがかかって大騒《おおさわ》ぎするのも楽《たの》しいもの。上手《じょうず》になればスイスイと水面《すいめん》を進《すす》み、風《かぜ》を感《かん》じてウキウキします。

ボート漕《こ》ぐ翼《つばさ》のごとく腕《うで》を張《は》り

松《まつ》永《なが》浮《ふ》堂《どう》

【プール】

平泳《ひらおよ》ぎ、**浮《う》き輪《わ》**、**水着《みずぎ》**など夏《なつ》の季語《きご》には水泳《すいえい》に関《かん》することばがたくさんあります。もちろんプールも夏《なつ》のお楽《たの》しみ。上手《じょうず》に泳《およ》げなくても、水のなかを歩《ある》いたり、プールサイドでたたずんでいるだけで気持《きも》ちがいい。プールに入ったあとのけだるい感《かん》じも夏《なつ》っぽい。

プールからスカイツリーにタッチする

小学二年生

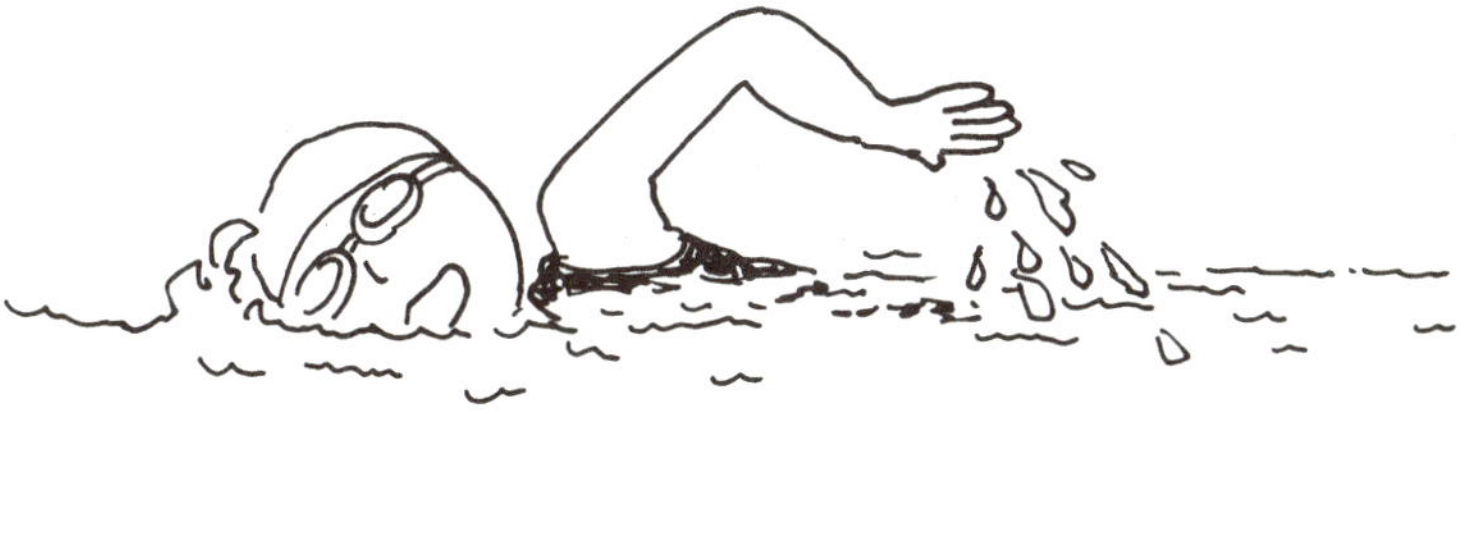

【夏休《なつやす》み】

多《おお》くの小学校では七月下旬《げじゅん》から八月いっぱいが夏休《なつやす》みです。北《きた》国《ぐに》や雪《ゆき》が多《おお》い地方《ちほう》では夏休《なつやす》みは短《みじか》く、その分《ぶん》、冬休《ふゆやす》みが長《なが》い。読書感想文《どくしょかんそうぶん》や自由研究《じゆうけんきゅう》などの宿《しゅく》題《だい》があったり、部活動《ぶかつどう》があったり、意外《いがい》といそがしい。それでも夏休《なつやす》みの空の色《いろ》、雲《くも》の感《かん》じはとくべつ。

【キャンプ】

山や海《うみ》で、テントを張《は》って生活《せいかつ》すること。野外《やがい》でごはんをつくって食《た》べたり、夜《よる》は火を囲《かこ》んで楽《たの》しく歌《うた》ったり……。住《す》み慣《な》れた家《いえ》にいるより不便《ふべん》だけれど、そこを工夫《くふう》しながら乗《の》りこえていくのがキャンプの醍醐味《だいごみ》。**テント**、**キャンプファイヤー**も夏《なつ》の季語《きご》です。

【山登《やまのぼ》り】

多《おお》くの山では六月から七月ごろ**山開《やまびら》き**をし、**山小屋《やまごや》**を開《あ》けて登《と》山客《ざんきゃく》を迎《むか》えます。**登山靴《とざんぐつ》**をはいて、リュックを背負《せお》って、一歩《いっぽ》ずつ山道《やまみち》を進《すす》んでいくと、いろんな音に出会《であ》います。鳥《とり》の声《こえ》、せせらぎの音、キツツキが木をつつくリズム……。山は生きているんだなぁ。

大《おお》きな木《き》大《おお》きな木陰《こかげ》夏休《なつやす》み　宇多喜代子《うだきよこ》

キャンプ村素足《むらすあし》にて物借《ものか》りにくる　辻田克巳《つじたかつみ》

香水《こうすい》の代《か》わりにすみれ山《やま》ガール　高校一年生

【滝《たき》】

滝《たき》は地形《ちけい》なので、季節《きせつ》に関係《かんけい》なくあるものなのに、明治《めいじ》時代《じだい》に、夏《なつ》の季語《きご》になりました。ごうごうと鳴《な》る水音をたよりに近《ちか》づき、高《たか》いところから勢《いきお》いよく落《お》ちてくる水の帯《おび》を見つける喜《よろこ》び！
かっこいい大きな滝《たき》もいいけれど、渓谷《けいこく》にひっそりとある小さな滝《たき》もいい。

滝《たき》の道《みち》そっと一輪《いちりん》はなしょうぶ　小学六年生

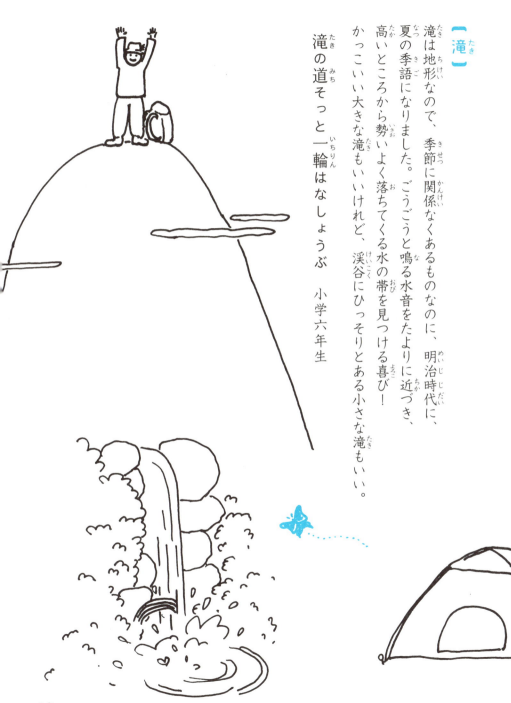

【祭《まつ》り】

世界中《せかいじゅう》に、そりゃあもうたくさんのお祭《まつ》りがあります。俳句《はいく》でお祭《まつ》りといえば、**夏祭《なつまつ》り**のこと。**みこし**をかついだり、金《きん》魚《ぎょ》すくいやあんず飴《あめ》の屋台《やたい》をのぞいたり。近所《きんじょ》のおとなたちが、ふだんは見せないような顔《かお》をして張《は》り切《き》っている姿《すがた》も楽《たの》しい。

夏祭《なつまつ》りラムネの向《む》こうに友《とも》の影《かげ》

中学二年生

【浴衣《ゆかた》】

夏《なつ》に着《き》る簡単《かんたん》な着物《きもの》。もとはお風呂《ふろ》からでたあとや寝《ね》るときに着《き》ることが多《おお》く、白い布《ぬの》を藍色《あいいろ》（濃《こ》い青）で染《そ》めたものが一般的《いっぱんてき》でした。最近《さいきん》は花火大会《たいかい》やお祭《まつ》りで浴衣《ゆかた》を着《き》る人が多《おお》く、カラフルな柄《がら》も。浴衣《ゆかた》を着《き》て下駄《げた》をはくと、ふだんとちがう自分《じぶん》に心《こころ》がはずみます。

いつもよりおしや《ゃ》べりになる初浴衣《はつゆかた》

田口茉於《たぐちまお》

【昼寝《ひるね》】

寝苦《ねぐる》しい熱帯夜《ねったいや》が続《つづ》いて寝不足《ねぶそく》になる真夏《まなつ》に、昼寝《ひるね》をするのは最高《さいこう》のぜいたく。そんなわけで昼寝《ひるね》は夏《なつ》の季語《きご》です。暑《あつ》い日の午後《ごご》、犬や猫《ねこ》も風《かぜ》が通《とお》る日陰《ひかげ》を見つけてスヤスヤ。スペインやアルゼンチンではシエスタと呼《よ》ばれるお昼寝《ひるね》タイムがもうけられています。

朝寝《あさね》して寝返《ねがえ》りうてば昼寝《ひるね》かな

渥美清《あつみきよし》

【花火《はなび》】

七月、八月には各地《かくち》で花火大会《はなびたいかい》が開《ひら》かれます。夜空《よぞら》にヒューと上っていき、パッと開《ひら》いて、ドンと鳴《な》る。大勢《おおぜい》の人にまざって見あげる花《はな》火《び》もいいし、遠《とお》くから静《しず》かにながめる花火もいいものです。手持《ても》ちで遊《あそ》ぶ**線香花火《せんこうはなび》**も夏《なつ》の季語《きご》。花火《はなび》はきれいで、でもなぜかせつない。

大花火家族《おおはなびかぞく》みんなの口《くち》があく

小学六年生

くらし

【汗《あせ》】

暑《あつ》い日は、じっとしているだけで汗《あせ》がにじんできます。ベタベタしてうっとうしいですが、汗《あせ》には体温《たいおん》を調節《ちょうせつ》する大事《だいじ》な役目《やくめ》があります。すずしい場所《ばしょ》でだらーっと過《す》ごす気持《きも》ちよさもあり、暑《あつ》い場所《ばしょ》でたくさん汗《あせ》をかく気持《きも》ちよさもあり。水分補給《すいぶんほきゅう》を忘《わす》れずに。

汗流《あせなが》し必死《ひっし》に頑張《がんば》る部活動《ぶかつどう》

中学二年生

【ハンカチ】

ハンカチは、ティッシュペーパーとともに一《いち》年中《ねんじゅう》もち歩《ある》くもの、と思《おも》っている人も多《おお》いでしょう。手を洗《あら》ってふくときにつかいますが、汗《あせ》をぬぐうときもつかうので夏《なつ》の季語《きご》です。ハンカチが無地《むじ》か柄《がら》か、かわいいか、おとなっぽいかで持《も》ち主《ぬし》の人柄《ひとがら》がわかります。

たわむれにハンカチ振《ふ》って別《わか》れけり

星野立子《ほしのたつこ》

うちわ

手であおいで風《かぜ》を起《お》こす道具《どうぐ》。暑《あつ》い日におおいに活躍《かつやく》します。折《お》りたためる**扇子**《せんす》は外《そと》にも持ち歩《ある》きますが、うちわは家《いえ》のなかでくつろいでつかうもの。となりにいる人にパタパタとあおいで風《かぜ》を送《おく》る、そんな愛情表現《あいじょうひょうげん》ができるのも手動《しゅどう》のうちわならでは。

このところ働《はたら》き過《す》ぎの団扇《うちわ》かな

今福心太《いまふくしんた》

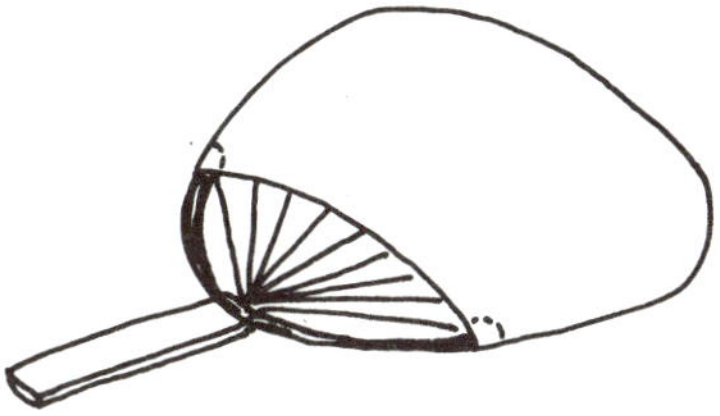

扇風機《せんぷうき》

モーターで羽根《はね》を回転《かいてん》させて風《かぜ》を送《おく》る機械《きかい》。**冷房**《れいぼう》とくらべて冷《ひ》え方《かた》が自然《しぜん》で、窓《まど》を開《あ》けたまま使用《しよう》できるのが利点《りてん》です。夏《なつ》の午後《ごご》、扇《せん》風機《ぷうき》がゆっくり首《くび》をふって風《かぜ》を送《おく》るなかでの昼寝《ひるね》は最高《さいこう》。扇風機《せんぷうき》に向《む》かってしゃべると声《こえ》が細切《こまぎ》れになっておもしろい。

扇風機《せんぷうき》前《まえ》にすわって宇宙人《うちゅうじん》

小学六年生

【風鈴《ふうりん》】

風《かぜ》が吹《ふ》くとゆれて音が鳴《な》る、つりがね型《がた》の鈴《すず》。素材《そざい》は鉄《てつ》、ガラス、陶磁器《とうじき》などで、軒下《のきした》や窓辺《まどべ》につるしてチリンチリンというすずしい音を楽《たの》しみます。どんなにすずしげな音でも実際《じっさい》に温《おん》度《ど》が下《さ》がるわけではない。でもなぜか暑《あつ》さがやわらぐ気がするのがふしぎ。

【裸足《はだし》】

夏《なつ》はくつしたをはかずに裸足《はだし》で過《す》ごすことが多《おお》い。畳《たたみ》や床《ゆか》を裸《は》足《だし》で歩《ある》くとひんやりして気持《きも》ちがいい。砂浜《すなはま》や芝生《しばふ》を裸足《はだし》で歩《ある》くとさらに開放的《かいほうてき》な気分《きぶん》。下駄《げた》やサンダルを**素足**《すあし》ではくのも夏《なつ》のお楽《たの》しみです。ちなみに**裸**《はだか》も夏《なつ》の季語《きご》。余計《よけい》なものを脱《ぬ》ぎすてる季節《きせつ》です。

【日焼《ひやけ》】

夏《なつ》の紫外線《しがいせん》は強《つよ》く、短時間外《たんじかんそと》にいるだけで日焼《ひや》けします。海《うみ》や川で夢中《むちゅう》で遊《あそ》ぶと、皮膚《ひふ》が赤くほてり、そのあと黒《くろ》くなります。まっ黒《くろ》に日焼《ひや》けした農家《のうか》や漁師《りょうし》のおじさんはかっこいい。**日焼**《ひや》**け止**《ど》**め**も夏《なつ》の季語《きご》。日焼《ひや》けは肌《はだ》に負担《ふたん》をかけるので、注意《ちゅうい》も必要《ひつよう》です。

風鈴《ふうりん》がチリーンチリーンと子《こ》もり歌《うた》　小学三年生

良寛《りょうかん》の海《うみ》に降《お》り立《た》つ素足《すあし》かな　原裕《はらゆたか》

日焼《ひや》けした新《あたら》しい自分《じぶん》こんにちは　中学一年生

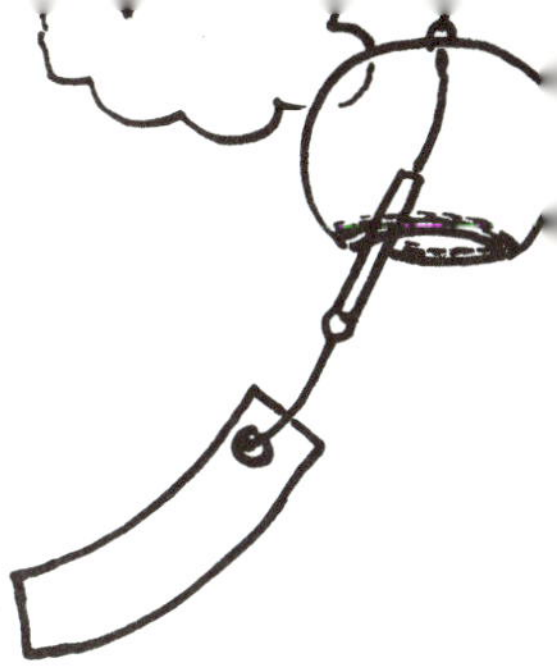

【麦《むぎ》わら帽子《ぼうし》】

暑《あつ》い日差《ひざ》しを防《ふせ》ぐためにかぶる**夏帽子**《なつぼうし》はもちろん夏《なつ》の季語《きご》。その代表《だいひょう》が麦《むぎ》わら帽子《ぼうし》です。小説《しょうせつ》『トム・ソーヤーの冒険《ぼうけん》』のわんぱく少年《しょうねん》トムや、漫画《まんが》『ONE PIECE《ワンピース》』の主人公《しゅじんこう》ルフィのトレードマーク。麦《むぎ》わら帽子《ぼうし》には、太陽《たいよう》のにおい、田園風景《でんえんふうけい》、海《うみ》の風《かぜ》が似合《にあ》う。

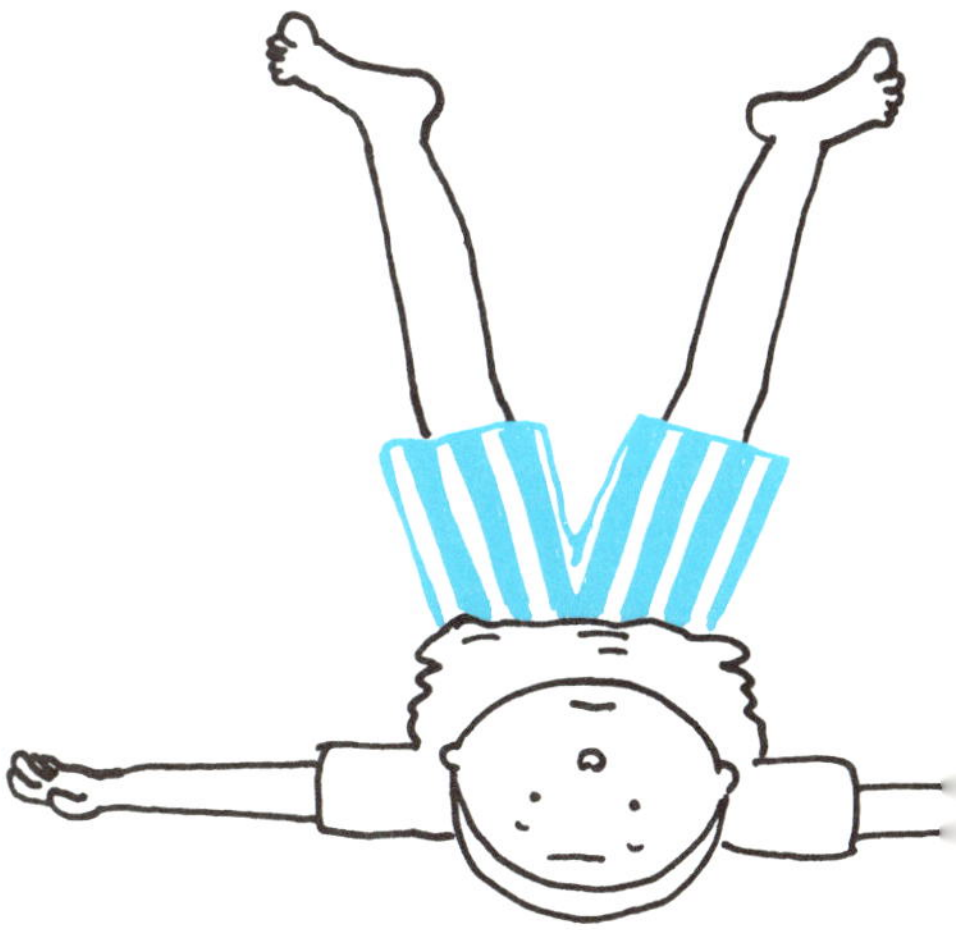

行《い》き先《さき》の空《そら》に合《あ》は《(わ)》せる夏帽子《なつぼうし》　田坂妙子《たざかたえこ》

おいしいもの

【いちご（苺）】

赤くて、表面《ひょうめん》がぶつぶつしている小型《こがた》のくだもの。生《なま》で食《た》べるほかに、ケーキの上にのせたり、ジャムに加工《かこう》したり。温室《おんしつ》でつくれば一年中収穫《いちねんじゅうしゅうかく》できますが、本来《ほんらい》は夏《なつ》に実《みの》るもの。冬《ふゆ》には**冬苺**《ふゆいちご》という季語《きご》があります。すっぱい苺《いちご》とあまいクリームは最高《さいこう》の組《く》みあわせ。

ひかりこぼす苺《いちご》にかける白砂糖《しろざとう》

きくちつねこ

【柏餅《かしわもち》】

柏《かしわ》の葉《は》っぱにつつまれたもちもちした和菓子《わがし》。中身《なかみ》はつぶあん、こしあん、みそあんがあり、どれを食《た》べようかまよう。柏《かしわ》の葉《は》っぱには、家《いえ》の繁栄《はんえい》を願《ねが》う気持《きも》ちがたくされていて、**端午**《たんご》の節句《せっく》（五月五日）に食《た》べます。緑《みどり》の葉《は》と白いお餅《もち》の対比《たいひ》がきれい。

てのひらにのせてくださる柏餅《かしわもち》

後藤夜半《ごとうやはん》

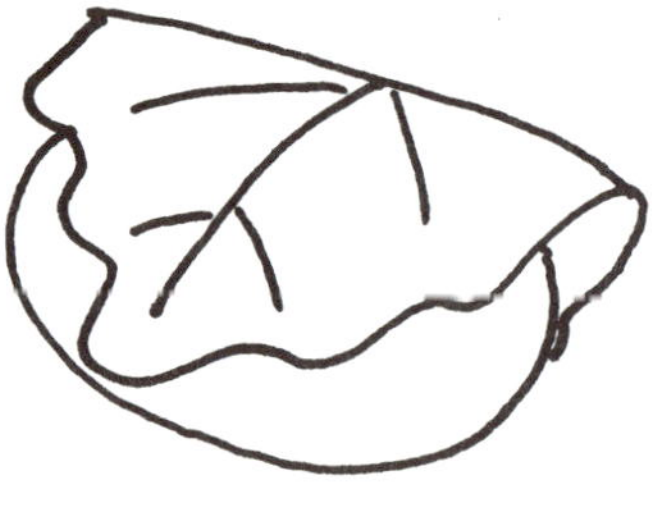

【さくらんぼ】

ミザクラという桜《さくら》の木の実《み》。直径《ちょっけい》二センチほどの赤くてつやつやした実《み》が夏《なつ》のはじめに実《みの》ります。長《なが》い軸《じく》をつまんで口に入れるとあまずっぱく、なかに種《たね》があります。旬《しゅん》のさくらんぼを箱《はこ》にきれいに並《なら》べたものは高級品《こうきゅうひん》。かわいくてうれしいくだもの。**桜桃**《おうとう》ともいう。

さくらんぼ双子《ふたご》だったりひとりっ子《こ》

小学六年生

【たけのこ（筍）】

竹の若《わか》い芽《め》で、地面《じめん》から生《は》えかけているものを収穫《しゅうかく》して食《た》べます。早いものは春《はる》から出回《でまわ》りますが、俳句《はいく》では夏《なつ》の季語《きご》。山にたけのこ掘《ほ》りにいくと、採《と》れたてをあじわうことができます。食《た》べ方《かた》は煮《に》もの、天ぷら、炊《た》きこみごはんなど。期間限定《きかんげんてい》のごちそう。

竹《たけ》の子《こ》が空《そら》との電話《でんわ》つないでる

小学六年生

【梅干《うめぼ》し】

六月ごろ、梅《うめ》の実《み》を塩《しお》に漬《つ》けこみ、しその葉《は》で赤くし天日《てんぴ》に干《ほ》してつくる保存食《ほぞんしょく》。おにぎりの具《ぐ》の定番《ていばん》。お弁当箱《べんとうばこ》にごはんをつめ、まんなかに梅干《うめぼ》しを置《お》くと日《ひ》の丸弁当《まるべんとう》になります。あぁ、すっぱい味《あじ》を思《おも》い浮《う》かべるだけで、つばがジュワーッとわいてくる！

梅干《うめぼし》を食《た》べて私《わたし》の顔《かお》ちぢむ

小学六年生

【麦茶《むぎちゃ》】

大麦《おおむぎ》を煎《い》って焦《こ》がしたものを煮《に》だしてつくるお茶《ちゃ》。水に入れるだけで麦茶《むぎちゃ》ができるパックも売《う》られています。夏《なつ》になると冷《つめ》たい麦茶《むぎちゃ》を冷蔵庫《れいぞうこ》に常備《じょうび》している家《いえ》も多《おお》いでしょう。暑《あつ》い外《そと》から帰《かえ》ってきて、ごくごくごく！　と飲《の》みほす麦茶《むぎちゃ》はとりわけおいしい。

麦茶《むぎちゃ》がねのどのすべり台《だい》すべってく

中学一年生

【きゅうり（胡瓜）】

緑色《みどりいろ》の細長《ほそなが》い野菜《やさい》。水分《すいぶん》を多《おお》くふくみ、大むかしから夏《なつ》に水分《すいぶん》補給《ほきゅう》のために食《た》べられていました。川にすむ妖怪《ようかい》・河童《かっぱ》の大好物《こうぶつ》とされていて、きゅうりのり巻《ま》きをカッパ巻《まき》と呼《よ》びます。かじるとカリポリと歯《は》ごたえがあり、青くみずみずしい味《あじ》が夏《なつ》っぽい。

ぬか床《どこ》のきゅうり三本《さんぼん》すいみん中《ちゅう》

小学六年生

【トマト】

食《た》べごろになると赤く色《いろ》づく丸《まる》い野菜《やさい》。南《みなみ》アメリカから世界中《せかいじゅう》にひろがり、メキシコ料理《りょうり》、イタリア料理《りょうり》などでは欠《か》かせない存在《そんざい》に。ケチャップやピザソースの原料《げんりょう》にもなっています。あざやかな赤、独特《どくとく》のにおい、そして酸《さん》味《み》！　夏《なつ》の食卓《しょくたく》の大事《だいじ》なアクセント。

トマト洗《あら》う蛇口全開《じゃぐちぜんかい》したりけり

本井英《もといえい》

【すし（鮓、鮨、寿司）】

酢《す》をまぜたごはんと、魚介類《ぎょかいるい》やたまご焼《や》きなどでつくる日本料理《りょうり》。今《いま》や世界中《せかいじゅう》で有名《ゆうめい》です。代表的《だいひょうてき》なのは**にぎり寿司《ずし》**ですが、フナのお腹《なか》にごはんを詰《つ》めて発酵《はっこう》させた**鮒寿司《ふなずし》**、柿《かき》の葉《は》っぱで巻《ま》いた**柿《かき》の葉寿司《はずし》**などさまざま。もとは暑《あつ》い季節《きせつ》の保存食《ほぞんしょく》だったので夏《なつ》の季語《きご》に。

【うなぎ（鰻）】

へびのように細長《ほそなが》い体《からだ》で、表面《ひょうめん》はぬめぬめしている魚《さかな》。栄養《えいよう》があって消化《しょうか》にもいいとされ、むかしから夏《なつ》バテを防《ふせ》ぐ食材《しょくざい》として知《し》られています。いちばん一般的《いっぱんてき》な食《た》べ方《かた》は、開《ひら》いて串《くし》に刺《さ》し、甘辛《あまから》いタレをつけて焼《や》く蒲焼《かばやき》。うな重《じゅう》は、タレが染《し》みたごはんまでおいしい。

【ひややっこ（冷奴）】

冷《ひ》やした豆腐《とうふ》にきざんだネギや大葉《おおば》、おろしたしょうがやかつお節《ぶし》などをのせ、しょう油《ゆ》で食《た》べます。とても簡単《かんたん》な料理《りょうり》だけれど、簡単《かんたん》だからこそ豆腐《とうふ》の味《あじ》が引《ひ》き立ちます。ひんやりしたのどごしも気持《きも》ちいい。おはしの先でくずしながら夏《なつ》の晩《ばん》ごはんのいい時間《じかん》が流《なが》れていきます。

鮒鮨《ふなずし》や彦根《ひこね》の城《しろ》に雲《くも》かかる　与謝蕪村《よさぶそん》

うなぎ焼《や》くにほひ《(い)》の風《かぜ》の長廊下《ながろうか》　きくちつねこ

生《い》きることやさしくなりし冷奴《ひややっこ》　伊藤通明《いとうみちあき》

【そらまめ（蚕豆）】

五月ころから出回《でまわ》る大粒《おおつぶ》の豆《まめ》。空に向《む》かって実《みの》るのでこの名前《なまえ》がつきました。大むかしの遺跡《いせき》からも出土《しゅつど》しており、古代《こだい》エジプト人も古代《こだい》ローマ人も好《す》きだったようです。日本に入ってきたのは奈良時《ならじ》代《だい》。ゆでたてに塩《しお》をふって、青くホクホクした味《あじ》を楽《たの》しみます。

そら豆《まめ》や死後《しご》に途方《とほう》もない未来《みらい》

長谷川裕《はせがわゆたか》

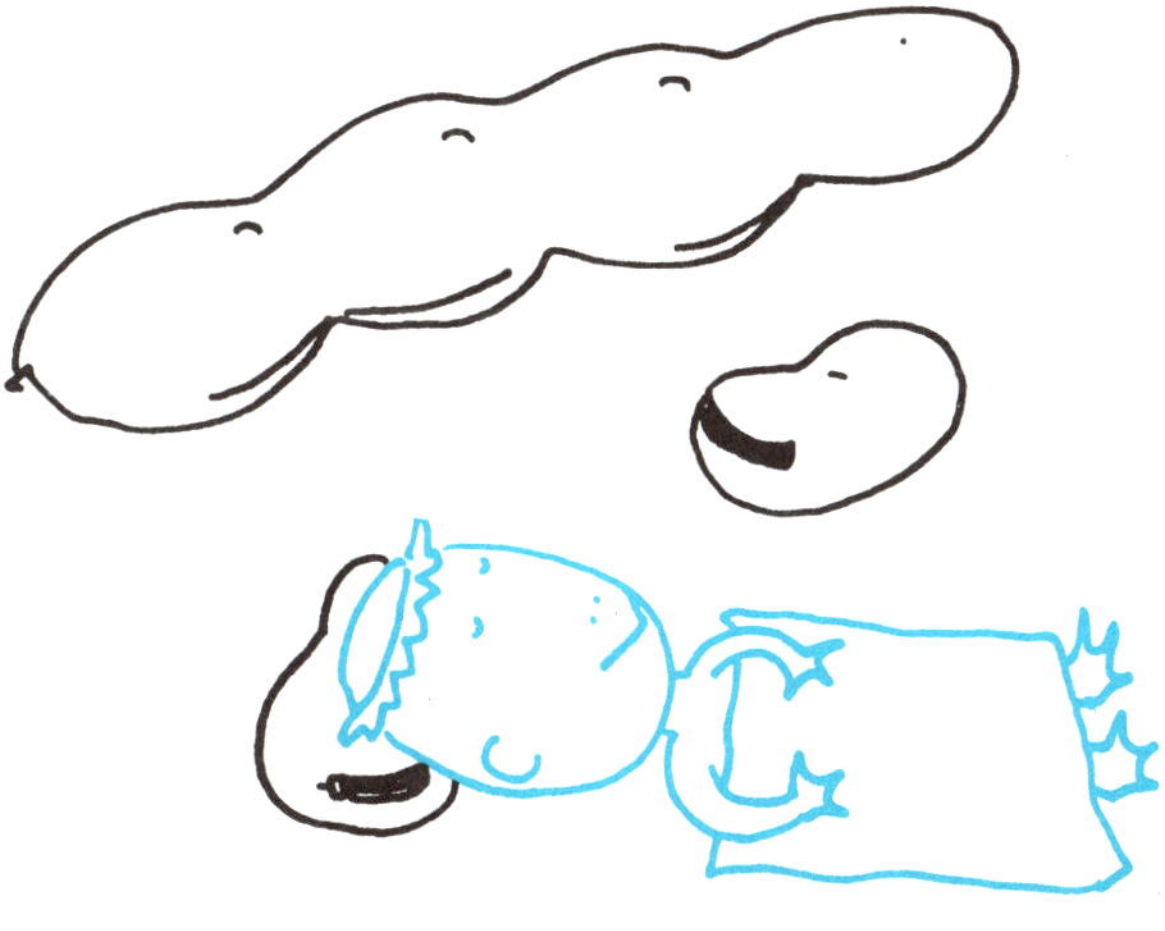

【みつまめ（蜜豆）】

サイコロ形《がた》に切《き》った寒天《かんてん》、えんどう豆《まめ》、ぎゅうひ、フルーツなどを器《うつわ》に盛《も》って蜜《みつ》をかけた和風《わふう》のデザート。あんこが入ると**あんみつ**、アイスクリームが入ると**クリームみつまめ**に。甘味処《かんみどころ》にはいろいろな種類《しゅるい》のみつまめがあり、なにを注文《ちゅうもん》しようかすごーくまよう！

蜜豆《みつまめ》の寒天《かんてん》の稜《かど》の涼《すず》しさよ　山口青邨《やまぐちせいそん》

【ゼリー】

くだものの汁《しる》をゼラチンで固《かた》めたお菓子《かし》。冷《ひ》やして食《た》べます。透明感《とうめいかん》とぷるんとゆれるさまがすずしげ。**水ようかん**、**ところてん**、**くず餅《もち》**なども夏《なつ》の季語《きご》です。それぞれ材料《ざいりょう》とつくり方《かた》は異《こと》なりますが、のどを通《とお》り過《す》ぎるときは「ひんやり、つるん」となります。

ふるふるとゆれるゼリーに入《い》れる匙《さじ》　川崎展宏《かわさきてんこう》

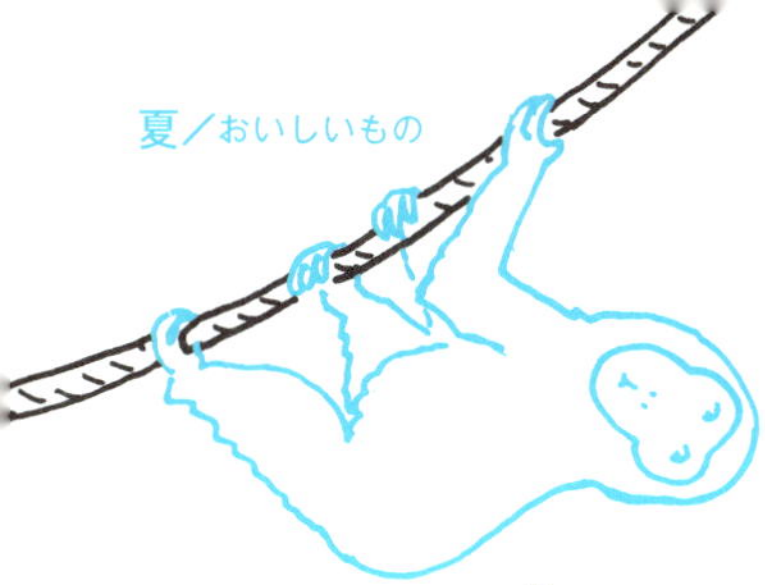

【アイスクリーム】

牛乳《ぎゅうにゅう》、砂糖《さとう》などをまぜあわせて凍《こお》らせたお菓《か》子《し》。**ソフトクリーム**、**シャーベット**、**アイスキャンディー**、**かき氷《ごおり》**など、冷《つめ》たいお菓子《かし》はすべて夏《なつ》の季語《きご》です。毎日《まいにち》食《た》べたいけれど、毎日《まいにち》食《た》べるとありがたみがなくなる。ここぞというときに食《た》べるごほうびのお菓子《かし》。

シャーベット初《はじ》めて海《うみ》を見《み》た五歳《さい》

中学二年生

【パイナップル】

かたい皮《かわ》のなかに、黄色《きいろ》くてあまずっぱい果《か》肉《にく》がつまっています。ブラジル周辺《しゅうへん》が原産地《げんさんち》。タイやフィリピン、沖縄《おきなわ》などで栽培《さいばい》されます。姿《すがた》も味《あじ》も、いかにも南国《なんごく》生まれという感《かん》じ。ジュースや缶詰《かんづめ》に加工《かこう》され季節《きせつ》に関係《かんけい》なく口にできますが、やっぱり夏《なつ》が似合《にあ》います。

パイナップル机《つくえ》の上《うえ》に王《おう》のごと

今井《いまい》春生《はるお》

【バナナ】

熱帯《ねったい》でとれる、黄色《きいろ》くて細長《ほそなが》いくだもの。むかしは高級品《こうきゅうひん》でしたが、今《いま》ではおなじみのおやつです。そのままでも食《た》べますが、ヨーグルトやケーキに入れたり、ジュースにしたり、油《あぶら》で揚《あ》げて食《た》べることも。ねっとりとやさしい甘《あま》さにホッとして元気《げんき》がでます。

【メロン】

丸《まる》いウリ科《か》のくだもの。マスクメロンのように表面《ひょうめん》に網《あみ》の目がついているものと、プリンスメロンのようにつるんとしている品種《ひんしゅ》があります。イタリア料理《りょうり》では生《なま》ハムとメロンをいっしょに食《た》べる前菜《ぜんさい》が有名《ゆうめい》。香《かお》りが高《たか》く、あまくてみずみずしいメロンは夏《なつ》のぜいたく。

青《あお》バナナ受験《じゅけん》勉強《べんきょう》始《はじ》めます　中学三年生

はしや《(ゃ)》ぐ子《こ》らメロンの息《いき》のおしや《(ゃ)》べりして　辻村麻乃《つじむらまの》

【サイダー】

あまい味《あじ》の炭酸飲料《たんさんいんりょう》。日本で最初《さいしょ》にサイダーが作《つく》られたのは明治時代《めいじじだい》です。一年中《いちねんじゅう》ある飲《の》み物《もの》だけど、夏《なつ》の午後《ごご》に飲《の》む冷《ひ》えたサイダーは最高《さいこう》においしい。のどにシュワシュワと炭《たん》酸《さん》のあわがまとわりつき、思《おも》わずプハーッとため息《いき》が出ます。**ラムネ**も夏《なつ》の季語《きご》。

しゅわしゅわとラムネたちの会議《かいぎ》です

小学五年生

【甘酒《あまざけ》】

日本にむかしからあるあまい飲《の》みもの。米《こめ》と米麹《こめこうじ》、あるいは酒粕《さけかす》でつくります。「酒《さけ》」とついていますが酒粕以外《さけかすいがい》はノンアルコールで、子どもでも飲《の》めます。温《あたた》かくしても冷《つめ》たくしても、とろーりとおいしい。夏《なつ》バテのときに飲《の》むと元気《げんき》がでます。**一夜酒《ひとよざけ》**ともいう。

一夜酒《ひとよざけ》隣《となり》の子《こ》迄《まで》来《き》たりけり

小林一茶《こばやしいっさ》

しょくぶつ

【ばら（薔薇）】

茎《くき》にとげがある低《ひく》い木で、多《おお》くは夏《なつ》のはじめに甘《あま》い香《かお》りのする花を咲《さ》かせます。ヨーロッパやアメリカで品種改良《ひんしゅかいりょう》が行《おこな》われ、赤、ピンク、黄色《きいろ》、白などさまざまな色《いろ》のばらがあります。花の女王《じょうおう》といわれるだけあって、花びらが重《かさ》なって咲《さ》く姿《すがた》はゴージャス！

手《て》の薔薇《ばら》に蜂《はち》来《く》れば我王《われおう》の如《ごと》し

中村草田男《なかむらくさたお》

【あじさい（紫陽花）】

夏《なつ》のはじめに紫《むらさき》、藍色《あいいろ》、ピンクなどの花を咲《さ》かせる低《ひく》い木。小さな花（実際《じっさい》には花びらではなく萼《がく》）が集《あつ》まって、くす玉のように咲《さ》くのが特徴《とくちょう》。雨にぬれると色《いろ》があざやかになり、梅雨《つゆ》の時期《じき》の楽《たの》しみです。色《いろ》がだんだん変化《へんか》するので**七変化**《しちへんげ》なんておしゃれな異名《いみょう》も。

紫陽花《あじさい》のいよいよ濃《こ》くて電話《でんわ》くる

井口栞《いぐちしおり》

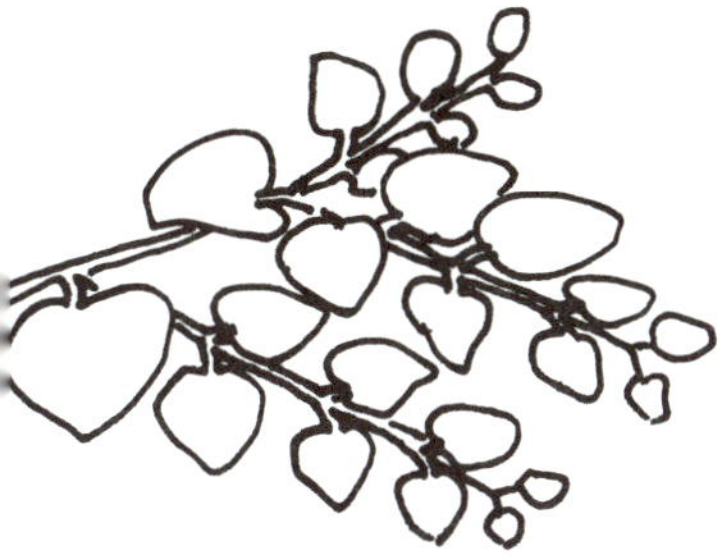

【若葉《わかば》】

夏《なつ》のはじめ、木々《きぎ》に若《わか》くみずみずしい葉《は》がつきます。それをあらわす季語《きご》で、**柿若葉《かきわかば》**、**椎若葉《しいわかば》**などと木の名前《なまえ》をつける場合《ばあい》も。この時期《じき》に吹《ふ》く風《かぜ》は**若葉風《わかばかぜ》**、降《ふ》る雨は**若葉雨《わかばあめ》**といいます。夏《なつ》が深《ふか》まり、緑《みどり》の色《いろ》がこくなると**青葉《あおば》**に。葉《は》っぱ一枚《まい》一枚《まい》が生きているんだなぁ。

自転車《じてんしゃ》に昔《むかし》の住所《じゅうしょ》柿若葉《かきわかば》

小川軽舟《おがわけいしゅう》

【かび（黴）】

梅雨《つゆ》の時期《じき》になると、食《た》べものや服《ふく》にかびが生《は》えます。お風呂場《ふろば》や畳《たたみ》もかびが生《は》えやすい場所《ばしょ》。ホワホワとした菌糸《きんし》があったり、青い色《いろ》がひろがったり、なんだか気味《きみ》の悪《わる》いものだけど、おいしいチーズができるのはかびのおかげ。人間《にんげん》とは切《き》っても切《き》れない関係《かんけい》です。

うかうかと黴《かび》にとられし夫《つま》の靴《くつ》

和田祥子《わだしょうこ》

【ひまわり（向日葵）】

おとなの背《せ》たけを超《こ》えるほど高《たか》く育《そだ》つ草で、夏《なつ》に大きな黄色《きいろ》い花を咲《さ》かせます。明《あか》るい太《たい》陽《よう》のようなひまわりの花は、元気《げんき》なイメージ。青い空がよく似合《にあ》います。花のまんなかにできる種《たね》は煎《い》っておつまみにしたり、しぼって食用油《しょくようあぶら》に。ハムスターのえさにもなります。

ひまわりが先生よりも背《せ》がたかい

小学三年生

【はすの花】

はすは沼《ぬま》や池《いけ》に生《は》える水草《みずくさ》で、丸《まる》くて大きな葉《は》っぱが特徴《とくちょう》。七月から八月にかけて、白やピンクの大ぶりで気品のある花が咲《さ》きます。早朝《そうちょう》に花開《ひら》き、夕方《ゆうがた》にはしぼみます。仏教《ぶっきょう》では極楽《ごくらく》に生《は》える花だとされています。たしかに、なんだか、ありがたい。

此上《このうえ》にすわり給《たま》へ(え)とはすの花《はな》

正岡《まさおか》子規《しき》

夏《なつ》にはいろんな緑色《みどりいろ》

若葉《わかば》という季語《きご》がでてきましたが、その「色《いろ》」に注目《ちゅうもく》したのが**新緑**《しんりょく》ということば。夏《なつ》のはじめ、木々《きぎ》のあざやかな緑色《みどりいろ》をあらわします。木のまわりにも葉《は》っぱの緑色《みどりいろ》が映《うつ》っている、そのようすを**緑**《みどり》**さす**といいます。新緑《しんりょく》をぬらして降《ふ》る雨は**緑雨**《りょくう》。おしゃれな雨の名前《なまえ》ですね。

■みどりさす絵本《えほん》の硬《かた》き表紙《ひょうし》かな　高柳克弘《たかやなぎかつひろ》

■孔雀来《くじゃくき》て羽《はね》をひろげる緑雨《りょくう》かな　須田保子《すだやすこ》

さらに季節《きせつ》が進《すす》むと、山や森は深《ふか》い緑《みどり》につつまれます。あっちもこっちも、100パーセント緑《みどり》！　それが**万緑**《ばんりょく》です。この季語《きご》がひろまったのは、

■万緑《ばんりょく》の中《なか》や吾子《あこ》の歯《は》生《は》え初《そ》むる　中村草田男《なかむらくさたお》

という俳句《はいく》がきっかけだといわれています。元気《げんき》よくしげる緑《みどり》のなかで、子どもの歯《は》が生《は》えはじめた、という生命力《せいめいりょく》あふれる句《く》です。

晴《は》れた日、緑《みどり》の木の下はすずしい木陰《こかげ》になっています。それが**緑蔭**《りょくいん》。ひんやりした空気が気持《きも》ちいい。

■緑蔭《りょくいん》にあり美《うつく》しき膝小僧《ひざこぞう》　加古宗也《かこそうや》

おもしろいことば

【風薫《かぜかお》る】

夏《なつ》のはじめの、身《み》も心《こころ》も軽《かる》くなるような晴《は》れの日に、サーッと風《かぜ》が吹《ふ》きます。若葉《わかば》のあいだを通《とお》ってきた風《かぜ》には、なんだか葉《は》っぱのにおいがついているよう。目をつむって、胸《むね》の奥《おく》まで吸《す》いこんで、一年でいちばんさわやかな季節《きせつ》を全身《ぜんしん》で感《かん》じる。あぁ、しあわせ。

薫風《くんぷう》やきれいに見《み》えるお母《かあ》さん

小学六年生

【青嵐《あおあらし》】

夏《なつ》の昼間《ひるま》に強《つよ》めに吹《ふ》く南風《みなみかぜ》のこと。おいしげった木々《きぎ》の青葉《あおば》や、田んぼの稲《いね》の葉先《はさき》は、風《かぜ》が吹《ふ》くたびにいっせいにゆれて、ざわざわと音をたてます。勢《いきお》いがあって、風景全体《ふうけいぜんたい》に生命力《せいめいりょく》がみなぎる感《かん》じ。明《あか》るい夏《なつ》の風《かぜ》を「青《あお》嵐《あらし》」と名づけた人、センスあるなぁ。

青嵐神社《あおあらしじんじゃ》があったので拝《おが》む

池田澄子《いけだすみこ》

【油照《あぶらで》り】

真夏《まなつ》の、風《かぜ》がまったく吹《ふ》かない蒸《む》し暑《あつ》さをいいます。かんかん照《で》りではなく、天気は曇《くも》り。なのに、じっとしていても汗《あせ》がにじんできます。なにかを考《かんが》える集中力《しゅうちゅうりょく》もなくなって、ただ「あぢー…」とつぶやくのみ。あのたえがたい暑《あつ》さには、「油《あぶら》」という字が似合《にあ》います。

大阪《おおさか》や埃《ほこり》の中《なか》の油照《あぶらで》り

青木月斗《あおきげっと》

【雲《くも》の峰《みね》】

まっ青な夏空《なつぞら》にもくもくとわき立つ積乱雲《せきらんうん》のこと。雲《くも》が山のように見えることから雲《くも》の峰《みね》といったり、入道《にゅうどう》（お坊《ぼう》さん）の形《かたち》に似《に》ているので**入道雲《にゅうどうぐも》**ともいいます。この雲《くも》がでた後《あと》に、かみなりやにわか雨が起《お》こることも。大きくて美《うつく》しく、ドラマチックな雲《くも》です。

先生の弁当《べんとう》のぞく雲《くも》の峰《みね》

小学六年生

【短夜《みじかよ》】

夏《なつ》は夜《よる》が短《みじか》い。午前《ごぜん》四時《じ》ごろには空が白くなり、もう一日のはじまりです。すずしくて過《す》ごしやすい夜《よる》は、心地《ここち》のいい特別《とくべつ》な時間《じかん》。それだけに「なーんだ、もう夜《よる》が終《お》わっちゃうのか」とがっかりする気持《きも》ちも含《ふく》まれていることば。秋《あき》になると反対《はんたい》に**夜長《よなが》**となります。

短夜《みじかよ》や夜明《よあけ》にとゞ《（ど）》く足《あし》の先《さき》

正岡子規《まさおかしき》

【火取虫《ひとりむし》、灯取虫《ひとりむし》】

夏《なつ》の夜《よる》、あかりに虫が集《あつ》まってきます。蛾《が》やコガネムシ、カナブンなど。それらをまとめて火取虫《ひとりむし》と呼《よ》びます。とくに山の宿《やど》やキャンプの火には、ゾロゾロと大量《たいりょう》の虫が集結《しゅうけつ》。虫がきらいな人にとっては目をふさぎたい光景《こうけい》ですが、これも夏《なつ》の夜《よる》ならでは。

湯上《ゆあが》りの人《ひと》の機嫌《きげん》や灯取虫《ひとりむし》

日野草城《ひのそうじょう》

【夜濯《よすす》ぎ】

夜《よる》に洗濯《せんたく》をすること。ただそれだけの、おもしろい季語《きご》です。夏《なつ》、汗《あせ》をかいた服《ふく》をその晩《ばん》のうちにちょこちょこと洗《あら》って干《ほ》しておく。翌朝《よくあさ》にはもうほとんどかわいている。かわきが早いのがいかにも夏《なつ》です。夜《よる》のひと仕事《しごと》、風《かぜ》もすずしくてなんだか風情《ふぜい》があります。

夜濯《よすす》ぎのしぼりし水《みず》の美《うつく》しく

中村汀女《なかむらていじょ》

【夜《よる》の秋《あき》】

夏《なつ》もおわりに近《ちか》づくと、夜《よる》はぐっとすずしくなって、秋《あき》の気配《けはい》がただよいます。「あぁ、夜《よる》はもう秋《あき》だなぁ」という気づきがこの季語《きご》です。過《す》ごしやすくてホッとすると同時《どうじ》に、夏《なつ》のおわりがなごりおしい。季節《きせつ》が移《うつ》り変《か》わっていくことにしみじみします。

夜《よる》の秋母臥《あきははふ》す畳《たたみ》ふみとほ(お)る

野澤節子《のざわせつこ》

簡単《かんたん》だけど奥《おく》が深《ふか》い！　十二の季語《きご》

　さてここで、とっておきの季語《きご》をおしらせします。それは一月《いちがつ》、二月《にがつ》、三月《さんがつ》、四月《しがつ》……という十二か月の名前《なまえ》。見てきた景色《けしき》に月の名前《なまえ》をくっつければ、俳句《はいく》、一丁《いっちょう》できあがり！

　ふふふ、便利《べんり》な季語《きご》です。でも簡単《かんたん》そうに見えて、これでなかなか奥《おく》が深《ふか》い。

■一月《いちがつ》の川《かわ》一月《いちがつ》の谷《たに》の中《なか》　飯田龍太《いいだりゅうた》

　寒《さむ》くてだれもいない、枯《か》れ草だけがゆれている。そんなお正月《しょうがつ》の川の風景《ふうけい》が見えます。これ、やっぱり、一月だからかっこいいのだと思《おも》います。ためしに「八月の川八月の谷《たに》の中《なか》」といってみてください。これだと、キラキラとまぶしい太陽《たいよう》が見える明《あか》るい夏《なつ》の川。ぜんぜんちがう風景《ふうけい》が見えてきます。おもしろいですねぇ。

　たぶん、みんなのなかに「一月は白っぽい」「六月はしっとり」「九月はさわやか」といったイメージがあるのだと思《おも》います。そのイメージにぴったりあう月の名前《なまえ》がでてくると、「おぉ！」とうれしくなるのです。

■六月《ろくがつ》の万年筆《まんねんひつ》のにほひ(お)か(い)な　千葉皓史《ちばこうし》

　万年筆《まんねんひつ》のインクのにおいが気になるのは、やっぱり湿気《しっけ》のある六月。

■真《ま》ん中《なか》に佇《たたず》みし九月《くがつ》の橋《はし》よ　津野利行《つのとしゆき》
橋《はし》の真《ま》ん中《なか》で、ぼんやりと川を見ている、もの思《おも》いの秋《あき》です。

＊＊＊

月の名前《なまえ》には、「尽《じん》」をつけるという応用編《おうようへん》があり、これがまたあじわい深《ぶか》い季語《きご》たちなのです。たとえば**二月尽**《にがつじん》は、「二月がおわった」という意味《いみ》。二月に「尽《じん》」のひと文字を足すだけで、いちばん寒《さむ》い季節《きせつ》を脱《だっ》してホッとする気持《きも》ちがそえられます。

■木々《きぎ》の瘤空《こぶそら》にきらめく二月尽《にがつじん》　原裕《はらゆたか》

つぎは**四月尽**《しがつじん》。春《はる》がおわってしまう寂《さび》しさがぐっと押《お》し寄《よ》せてきます。もちろん五月に突入《とつにゅう》するのは楽《たの》しみなんだけど……。

■あまき音《ね》のチェロが壁越《かべご》し四月尽《しがつじん》　秋元不死男《あきもとふじお》

あとよくつかわれるのが**九月尽**《くがつじん》でしょうか。もともと旧暦《きゅうれき》の九月のおわりを指《さ》し、そろそろ秋《あき》もおわりだなぁとしみじみする季語《きご》でした。いまでは新暦《しんれき》の九月のおわりをイメージする季語《きご》。ちょうど秋《あき》が深《ふか》まっていくころです。

■九月尽遙《くがつじんはるか》に能登《のと》の岬《みさき》かな　加藤暁臺《かとうぎょうだい》

簡単《かんたん》なようで奥《おく》が深《ふか》い十二の季語《きご》、うまくつかいこなせるようになれたらいいなぁ。みなさんも、ぜひ遊《あそ》んでみてください。

秋

【爽《さわ》やか】

響《ひびき》爽《さわ》やかいただきますといふ《（う）》言葉《ことば》

中村草田男《なかむらくさたお》

秋《あき》になると空気が澄《す》んで、きりりと晴《は》れる日が多《おお》くなります。
遠《とお》くの山や建物《たてもの》がくっきり見えて、心《こころ》もなんだかすがすがしい。
うじうじ悩《なや》んだり、めそめそ泣《な》いている場合《ばあい》じゃない、という気持《きも》ちになります。
そんな秋《あき》のさっぱりした感《かん》じをあらわすことばが「爽《さわ》やか」。

おいしいもの

【枝豆《えだまめ》】

大豆《だいず》を、まだ青いうちに収穫《しゅうかく》したものが枝豆《えだまめ》です。さやごと塩《しお》ゆでにして食《た》べるのが定番《ていばん》。湯気《ゆげ》が立っているところに塩《しお》をふりかけ、ひとつぶずつ口に放《ほう》りこむ。う、うまい！　すりおろすと「ずんだ」と呼《よ》ばれる緑色《みどりいろ》のペーストに。甘《あま》くしてお餅《もち》にまぶすとずんだ餅《もち》。

枝豆《えだまめ》がころり原稿用紙《げんこうようし》の目《め》

西原天気《さいばらてんき》

【すいか（西瓜）】

外側《そとがわ》は緑色《みどりいろ》、なかは赤（あるいは黄色《きいろ》）の丸《まる》いくだもの。最近《さいきん》は夏《なつ》のはじめから出回《でまわ》りますが、もとは秋《あき》のはじめが旬《しゅん》でした。よく冷《ひ》やして切《き》り分《わ》け、塩《しお》を少《すこ》しかけると甘《あま》みが引《ひ》き立ちます。手でつかみ、果汁《かじゅう》をしたたらせながら大きな口でかぶりつくのがおいしい食《た》べ方《かた》。

冷《ひ》やされて西瓜《すいか》いよいよまんまるし

伊藤通明《いとうみちあき》

【とうもろこし（玉蜀黍）】

三十センチほどの軸《じく》に黄色《きいろ》いつぶがびっしりとならぶ作物《さくもつ》。ゆでたり焼《や》いたりして、歯《は》で上手《じょうず》にかじりながら食《た》べ進《すす》めていくのが楽《たの》しい。天ぷらやスープにしても甘《あま》くて美味《びみ》。七千年以上前《いじょうまえ》からアメリカ大陸《たいりく》で栽培《さいばい》されていました。**とうきび**ともいう。

鯉《こい》ほどの唐黍《とうきび》をもぎ故郷《こきょう》なり

成田千空《なりたせんくう》

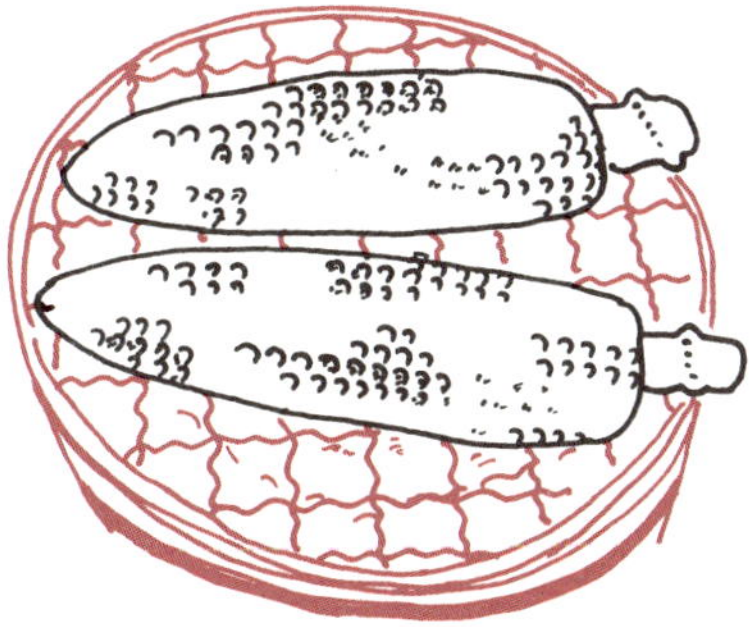

【にがうり（苦瓜）】

つるのある植物《しょくぶつ》で、夏《なつ》から秋《あき》にかけて表面《ひょうめん》にでこぼこがあるきゅうりに似《に》た実《み》がなります。**ゴーヤー**、**茘枝《れいし》**ともいい、沖縄料理《おきなわりょうり》ではおなじみの食材《しょくざい》。名前《なまえ》のとおり苦味《にがみ》がありますが、炒《いた》めたり揚《あ》げたりするとその苦味《にがみ》がなんともおいしく、ごはんがすすみます。

ゴーヤーの種《たね》をこそげている男《おとこ》

笠井亞子《かさいあこ》

【さんま（秋刀魚）】

細長《ほそなが》くて青黒《あおぐろ》い色《いろ》の魚《さかな》。秋《あき》になると脂《あぶら》がのったおいしいさんまが魚屋《さかなや》さんにならびます。そのまま焼《や》いて、大根《だいこん》おろしとすだち（かぼすやレモンでもいい）をそえ、しょう油《ゆ》をかけて食《た》べると最高《さいこう》です。それにしても、さんまを「秋《あき》の刀《かたな》の魚《さかな》」と書《か》くセンスはすばらしい。

いい香《かお》り母《はは》が秋刀魚《さんま》を焼《や》いている　中学二年生

【鮭《さけ》】

海《うみ》にすむ魚《さかな》で、秋《あき》になると生まれた川にもどって卵《たまご》を産《う》みます。身《み》は赤く、食《た》べ方《かた》は塩焼《しおや》き、ムニエル、フライなど。北海道《ほっかいどう》のアイヌの人は鮭《さけ》を「カムイチェプ（神《かみ》の魚《さかな》）」と呼《よ》び、頭《あたま》もはらわたも残《のこ》さず食《た》べ、皮《かわ》から靴《くつ》をつくり、いのちを大切《たいせつ》につかいつくします。

鮭《さけ》のぼる川《かわ》しろじろと明《あ》けにけり

皆川盤水《みながわばんすい》

桃《もも》

俳句《はいく》で桃《もも》といえば、木や花ではなく桃《もも》の実《み》のこと。秋《あき》のはじめ、ソフトボールくらいの実《み》がなります。皮《かわ》は白かピンク色《いろ》で、こまかい毛《け》が生《は》えて心地《ここち》よい手ざわり。果肉《かにく》はみずみずしくて甘《あま》い。熟《う》れた桃《もも》はやわらかいので、大事《だいじ》に皮《かわ》をむき、大事《だいじ》に食《た》べます。

桃《もも》のなか別《べつ》の昔《むかし》が夕焼《ゆうや》けて

中村苑子《なかむらそのこ》

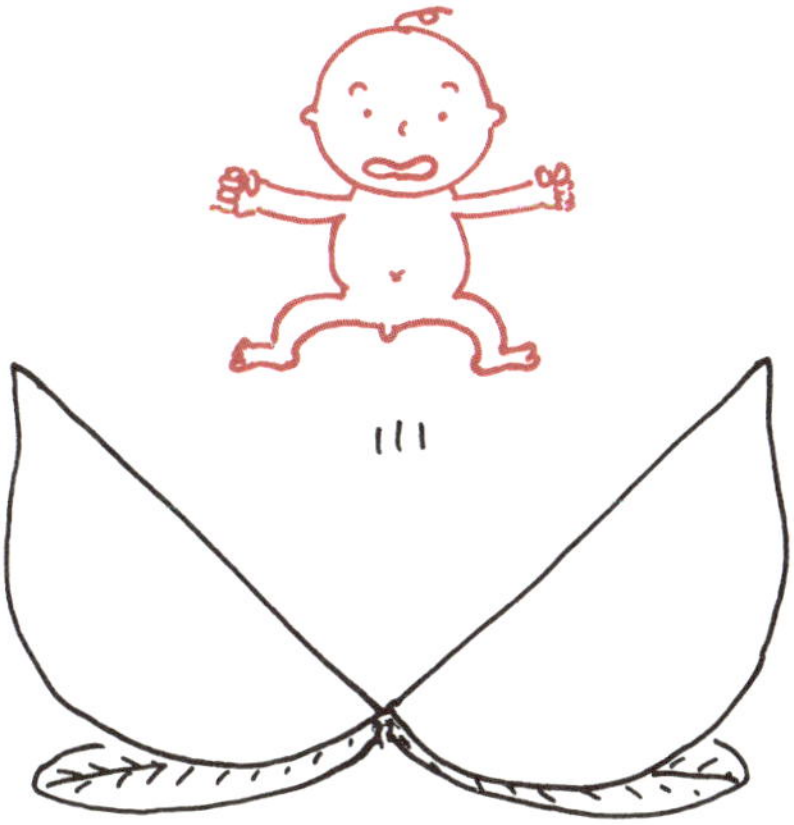

新米《しんまい》

今年収穫《ことししゅうかく》したお米《こめ》のこと。新茶《しんちゃ》でも新《しん》そばでも「新《しん》」がつくものはうれしいけれど、いちばんワクワクするのは新米《しんまい》かも。とれたてのお米《こめ》は味《あじ》も香《かお》りも濃《こ》く、炊《た》きたてはピカピカとかがやいています。太陽《たいよう》と水とお米農家《こめのうか》に感謝《かんしゃ》して、パクパクといただきます！

新米《しんまい》に月日《つきひ》の味《あじ》を覚《おぼ》えけり

正岡子規《まさおかしき》

【梨《なし》】

木になる薄茶色《うすちゃいろ》の皮《かわ》をしたくだもの。日本では二千年ほど前《まえ》から食《た》べられています。近年《きんねん》は**幸《こう》水《すい》**、**豊水《ほうすい》**などみずみずしくシャクシャクとした歯《は》ごたえのものが主流《しゅりゅう》。秋《あき》のおわりには**洋梨《ようなし》**の**ラ・フランス**も出回《でまわ》り、こちらはねっとりとした甘《あま》みが特徴《とくちょう》です。

【柿《かき》】

木になる赤っぽいくだもの。皮《かわ》はつやつやして、大きな種《たね》があります。**甘柿《あまがき》**は生《なま》で食《た》べ、**渋柿《しぶがき》**は**干《ほ》し柿《がき》**などに加工《かこう》します。日本に古《ふる》くからあり、俳句《はいく》にもよく登場《とうじょう》します。柿《かき》の色《いろ》は秋晴《あきば》れの空との相性《あいしょう》がばつぐん。たくさん実《み》をつけた柿《かき》の木にしみじみと秋《あき》を感《かん》じます。

【りんご（林檎）】

聖書《せいしょ》やギリシャ神話《しんわ》にもでてくるりんごは世界中《せかいじゅう》で愛《あい》され、品《ひん》種《しゅ》も豊富《ほうふ》。赤い実《み》が主流《しゅりゅう》ですが、黄色《きいろ》や緑色《みどりいろ》のものもあります。生《なま》で食《た》べるほか、ジュースやジャムなどに加工《かこう》します。焼《や》きりんご、アップルパイなどあたたかくして食《た》べると、あまずっぱさがひきたちます。

悲《かな》しみに芯《しん》あるごとしラ・フランス　笠井亞子《かさいあこ》

柿《かき》を剥《む》く指先《ゆびさき》柿《かき》になりきって　高橋悦男《たかはしえつお》

星空《ほしぞら》へ店《みせ》より林檎《りんご》溢《あふ》れをり《（お）》　橋本多佳子《はしもとたかこ》

【ぶどう（葡萄）】

丸《まる》いつぶの実《み》がふさのようにできるくだもの。多《おお》くは紫色《むらさきいろ》ですが、**マスカット**のように緑色《みどりいろ》の品種《ひんしゅ》もあります。いずれも色《いろ》が美《うつく》しく、香《かお》りが高《たか》く、秋《あき》にしかあじわえないうれしい味覚《みかく》。ワインやブランデーなどのお酒《さけ》の原料《げんりょう》にもなり、世界中《せかいじゅう》で栽培《さいばい》されています。

青春《せいしゅん》は甘《あま》くすっぱいブドウ食《く》う

中学三年生

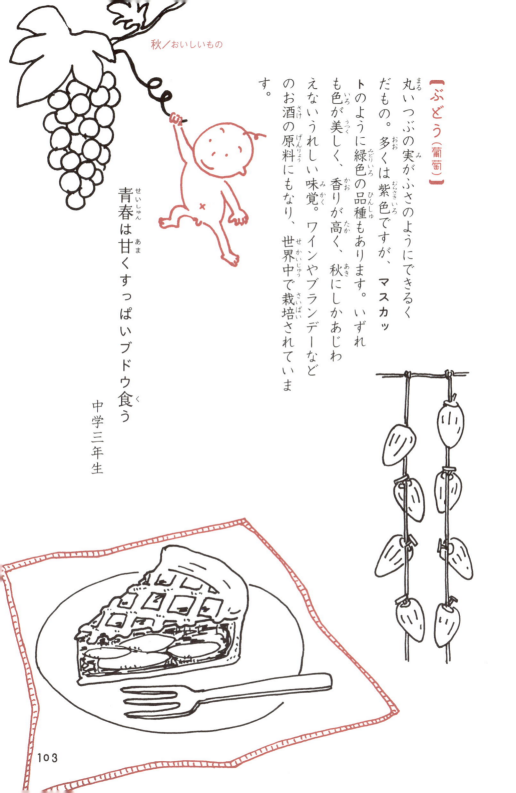

【栗《くり》】

栗《くり》の木は全国《ぜんこく》の山に生《は》えていて、秋《あき》、いがにつつまれた実《み》がなります。縄文時代《じょうもんじだい》は栗《くり》や木の実《み》が主食《しゅしょく》だったともいわれ、日本人と関係《かんけい》が深《ふか》い。ゆでたり焼《や》いたりするほか、栗《くり》まんじゅう、栗《くり》ようかんなどにも加工《かこう》されます。かたい皮《かわ》を一生懸命《いっしょうけんめい》むいてつくる**栗《くり》ごはん**は秋《あき》のごちそう。

【きのこ（茸）】

じめじめした場所《ばしょ》や木の皮《かわ》などに生《は》える菌《きん》の一種《いっしゅ》。春《はる》に生《は》えるきのこもありますが、**しめじ**、**しいたけ**、**まつたけ**は秋《あき》が旬《しゅん》です。**きのこ狩《が》り**も秋《あき》のお楽《たの》しみ。鍋《なべ》や炊《た》きこみごはんでいただきます。ちなみに**毒《どく》きのこ**も秋《あき》の季語《きご》。まちがえて食《た》べないように気をつけて！

【芋《いも》】

俳句《はいく》で芋《いも》といえば、**里芋《さといも》**のこと。白くてねばりがあり、煮《に》ものにするとおいしい。ポテトサラダやポテトチップスの材料《ざいりょう》の**じゃがいも**、焼《や》き芋《いも》や天ぷらにする**さつまいも**も秋《あき》の季語《きご》。ずっしりと存在感《そんざいかん》があるお芋《いも》たちを前《まえ》に、さてどうやって食《た》べようかとまようのが楽《たの》しい。

懐《なつ》かしき祖母《そぼ》の味《あじ》する栗《くり》ごはん　高校一年生

茸狩《たけがり》のから手で戻《もど》る騒《さわ》ぎかな　小林一茶《こばやしいっさ》

父《ちち》の箸母《はしはは》の箸芋《はしいも》の煮《に》ころがし　川崎展宏《かわさきてんこう》

【落花生《らっかせい》】

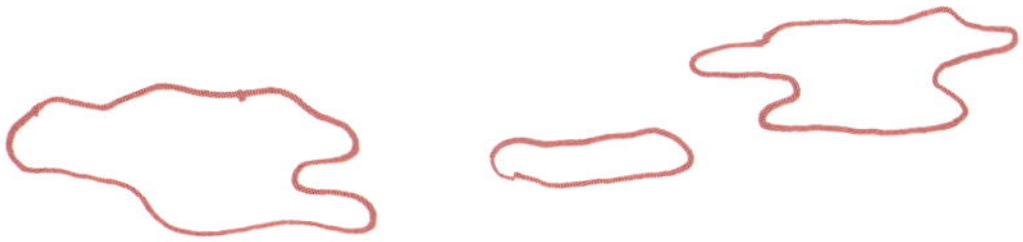

花が咲《さ》いたあと、花のつけ根《ね》がのびて地面《じめん》にもぐり、土のなかで実《み》ができるのでこの名前《なまえ》がつきました。秋《あき》に収穫《しゅうかく》する実《み》は、からつきのままゆでたり、からをはずして炒《い》ったりして食《た》べます。**ピーナッツ**ともいい、チョコレート菓子《がし》に入れたり、ペーストにしてパンにぬるおなじみの食材《しょくざい》。

落花生《らっかせい》みのりすくなく土《つち》ふるふ(う)

百合山羽公《ゆりやまうこう》

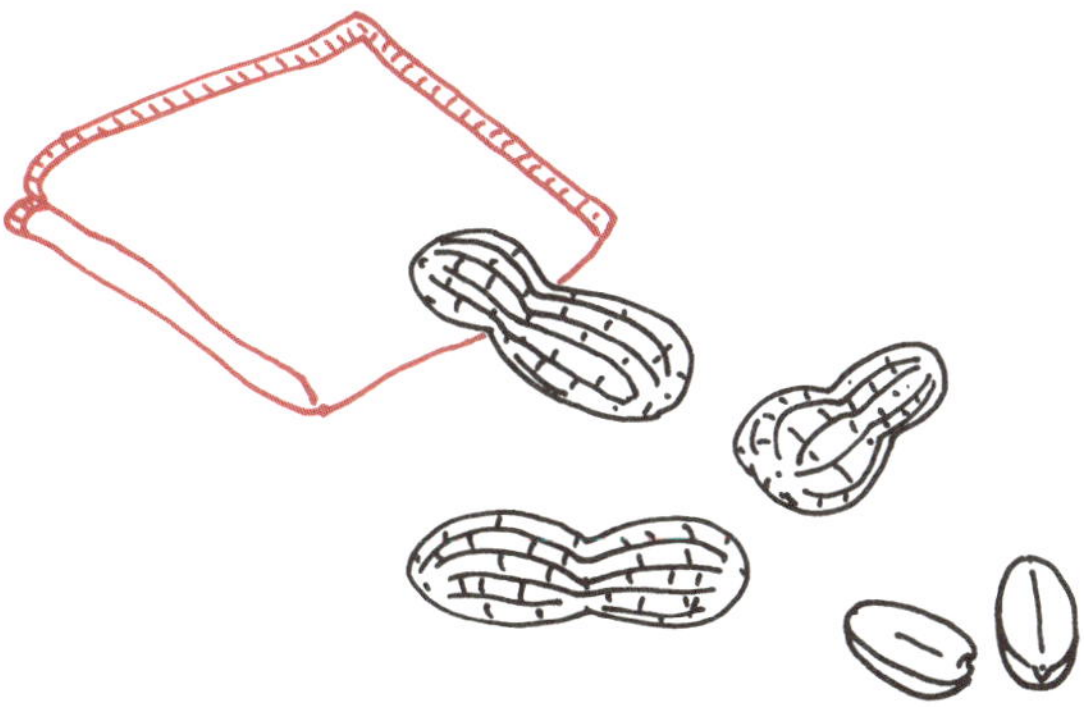

たのしいこと

【七夕《たなばた》】

七月七日から八月七日ごろにかけて全国各地《ぜんこくかくち》で開《ひら》かれるお祭《まつ》り。天の川の両岸《りょうぎし》にいる**織姫**《おりひめ》と**彦星**《ひこぼし》が年に一度《いちど》会《あ》えるのが七月七日とされ、笹《ささ》に願《ねが》い事《ごと》を書《か》いた短冊《たんざく》を飾《かざ》ります。色《いろ》とりどりの七夕飾《たなばたかざ》りを見ると心《こころ》が浮《う》き立ち、少《すこ》しせつない気持《きも》ちになります。

うれしさや七夕竹《たなばたたけ》の中《なか》を行《ゆ》く

正岡子規《まさおかしき》

【盆踊《ぼんおど》り】

お盆《ぼん》のころ、夜《よる》に集《あつ》まっておどるイベント。広場《ひろば》のまんなかにやぐらを立てて、そのまわりで人びとが輪《わ》になって、曲《きょく》にあわせておどるスタイルが一般的《いっぱんてき》です。浴衣《ゆかた》で参加《さんか》する人も多《おお》い。見よう見まねでおどっているうちに、だんだん気持《きも》ちが盛《も》りあがっていく。

ぼんおどりいつも主役《しゅやく》はおばあちゃん

小学五年生

【稲《いね》刈《か》り】

実《みの》った稲《いね》を刈《か》り取《と》る作業《さぎょう》のこと。秋《あき》になると日本全国《ぜんこく》の田んぼで見られる風景《ふうけい》です。農家《のうか》の人を中心《ちゅうしん》に、ときには家族《かぞく》や友《とも》だちも手伝《てつだ》いにくる大事《だいじ》な仕事《しごと》。晴《は》れた日に金色《きんいろ》にかがやく稲《いね》が刈《か》られていくようすは美《うつく》しく、収穫《しゅうかく》の喜《よろこ》びがわきあがってきます。

落日《らくじつ》が一時《ひととき》赤《あか》し稲《いね》を刈《か》る

青《あお》木《き》月《げっ》斗《と》

【運動会《うんどうかい》】

最近《さいきん》は春《はる》に運動会《うんどうかい》をおこなう学校も多《おお》いようですが、運動会《うんどうかい》は秋《あき》の季語《きご》。秋晴《あきば》れの下《もと》で思《おも》いきり体《からだ》を動《うご》かし、大声《おおごえ》で応援《おうえん》するのは気持《きも》ちがいい。教室《きょうしつ》ではあまり目立《めだ》たない子が、運動会《うんどうかい》で大活躍《だいかつやく》してまぶしく見えることも。いろいろなドラマがある日です。

運動会《うんどうかい》オシャレに汚《よご》れた体操着《たいそうぎ》

中学一年生

【紅葉狩《もみじがり》】

紅葉《こうよう》がきれいな場所《ばしょ》をたずねて、眺《なが》めること。春《はる》は桜《さくら》の開花《かいか》を気にするように、秋《あき》になると紅葉《こうよう》の色《いろ》づき具合《ぐあい》が話題《わだい》になります。「今週《こんしゅう》末《まつ》が見ごろ」なんてニュースに、おおぜいの人が紅葉《こうよう》の名所《めいしょ》につめかけます。見るだけなのに「狩《か》り」というのがおもしろい。

ひとめぼれしてしまう山の紅葉《もみじ》です

中学二年生

【月見《つきみ》】

空が澄《す》んでいる秋《あき》は月がきれいに見えます。旧暦《きゅうれき》八月十五日の**満月《まんげつ》**を「**中秋《ちゅうしゅう》の名月《めいげつ》**」といい、その夜《よる》は月におだんごやお酒《さけ》などをおそなえし、**すすき**を飾《かざ》ります。お月見は千年以《い》上前《じょうまえ》に中国《ちゅうごく》から伝《つた》わった行事《ぎょうじ》。人も世《よ》のなかも変《か》わるけど、お月さまは変《か》わりません。

さんぽして赤《あか》いまん月海《げつうみ》でみた

小学三年生

月がいちばんきれいな日

ただ「**月**」といった場合《ばあい》、それは秋《あき》の季語《きご》です。理由《りゆう》は、空気が澄《す》んでいる秋《あき》は月が美《うつく》しく見えるから。**月夜**《つきよ》、**月光**《げっこう》、**三日月**《みかづき》なども秋《あき》の季語《きご》。それを知《し》ると、秋《あき》の夜空《よぞら》に見あげる月が価値《かち》のあるものに思《おも》えてきます。

■真夜中《まよなか》に月の浮《う》かんだプールかな　小学六年生

■三日月《みかづき》がめそめそといる米《こめ》の飯《めし》　金子兜太《かねことうた》

俳句《はいく》の世界《せかい》でとくに重要《じゅうよう》なのが、旧暦《きゅうれき》八月十五日（新暦《しんれき》では九月半《なか》ばから十月のはじめごろ）の**満月**《まんげつ》です。その晩《ばん》は**良夜**《りょうや》と呼《よ》ばれ、月には**名月**《めいげつ》、**望月**《もちづき》、**十五夜**《じゅうごや》、**今日**《きょう》**の月**《つき》などいくつもの呼《よ》び名があります。さらに、もしこの日の空が雲《くも》でおおわれていて月が見えなかったら**無月**《むげつ》、雨が降《ふ》っていたら**雨月**《うげつ》という季語《きご》をつかいます。旧暦《きゅうれき》八月十五日の夜限定《よるげんてい》の季語《きご》がずらり！　一年でいちばん特別《とくべつ》あつかいされている夜《よる》かもしれません。

■友《とも》を待《ま》つ田端《たばた》の駅《えき》の良夜《りょうや》かな　和田耕三郎《わだこうざぶろう》

■満月《まんげつ》の闇分《やみわか》ちあふ《（う）》椎《しい》と樫《かし》　永方裕子《ながえひろこ》

■湖《みずうみ》のどこか明《あか》るき無月《むげつ》かな　倉田紘文《くらたこうぶん》

おてんき

【秋風《あきかぜ》】

「秋《あき》がきた」とわかるのは、秋風《あきかぜ》のおかげです。夏《なつ》の終《お》わり、まずは夜《よる》が涼《すず》しくなってきて秋《あき》が近《ちか》いことを感《かん》じます（夜《よる》の秋《あき》）。そして秋《あき》の風《かぜ》が吹《ふ》いた瞬間《しゅんかん》、「あぁ、秋《あき》がきた！」とはっきりわかるのです。さわやかで、気持《きも》ちよく、でも少《すこ》しさびしい。**金風《きんぷう》**ともいいます。

もういちど吹《ふ》いてたしかに秋《あき》の風《かぜ》

仁平勝《にひらまさる》

【台風《たいふう》】

夏《なつ》の終《お》わりから秋《あき》にかけてやってくる大きな空気のうず巻《まき》。大雨《おおあめ》や強《つよ》い風《かぜ》をもたらし、海《うみ》が荒《あ》れたり家《いえ》や農作物《のうさくぶつ》に被害《ひがい》がでることも。台風《たいふう》が近《ちか》づいてくると天気予報《よほう》を見ながらドキドキします。しかし手ごわい嵐《あらし》もやがては過《す》ぎ去《さ》り、翌日《よくじつ》はピカピカの晴天《せいてん》になります。

放課後《ほうかご》の暗《くら》さ台風来《たいふうき》つゝ《（つ）》あり

森田峠《もりたとうげ》

【秋晴《あきば》れ】

雲《くも》ひとつない秋《あき》の晴天《せいてん》のこと。暑《あつ》くもなく寒《さむ》くもなく、なにをするにも気持《きも》ちがいい。おだやかに過《す》ぎていく秋晴《あきば》れの一日は**秋日和《あきびより》**。秋晴《あきば》れの澄《す》み切《き》った空気を**秋澄《あきす》む**、日差《ひざ》しの明《あか》るいさまを**秋麗《あきうらら》**といいます。空を見あげていると、悩《なや》みごとが小さくなっていきます。

秋晴《あきばれ》や瞼《まぶた》をかるく合《あ》は（わ）せても

鷲谷七菜子《わしたにななこ》

【いわしぐも（鰯雲）】

秋《あき》の晴《は》れた空に、小さな雲《くも》のかけらがならんでいるようす。いわしが獲《と》れるころにでるため、この名がつきました。魚《さかな》のうろこのようにも見えるので**うろこ雲《ぐも》**ともいう。いそがしくてもちゃんと空を見あげて、いわし雲《ぐも》を見のがさないようにしなくては。

いわし雲漁《ぐもりょう》が成功《せいこう》したみたい

小学四年生

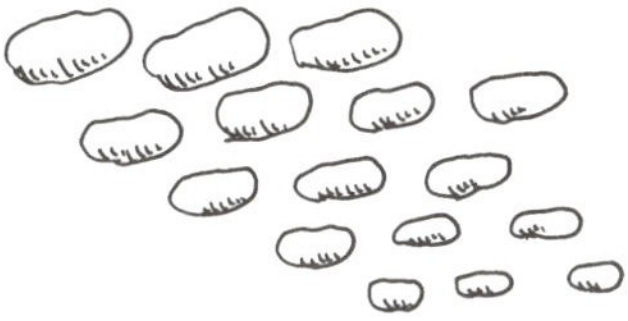

【霧《きり》】

たくさんのこまかい水のつぶが地面《じめん》や川の上をただよって、白い煙《けむり》のように見えるもの。これを**かすみ**というと春の季語に、霧《きり》というと秋《あき》の季語《きご》になります。霧《きり》がかかると風景《ふうけい》から色が消《き》え、ぼんやりとしか見えず、幻想的《げんそうてき》に見えないからかえって想像力《そうぞうりょく》がかきたてられます。

【露《つゆ》】

夜《よる》、気温《きおん》が下《さ》がり、空気中の水《すい》蒸気《じょうき》が水のしずくとなって葉《は》っぱの上などについたもの。風《かぜ》のない晴《は》れた夜《よる》にできやすく、夜《よる》には**夜露**《よつゆ》が、朝《あさ》には**朝露**《あさつゆ》が見られます。太陽《たいよう》がのぼるとあっけなく消《き》えてしまう。短《みじか》い時間《じかん》しか存在《そんざい》しない露《つゆ》。人生もあっという間《ま》だなぁ。

【天《あま》の川《がわ》】

夜空《よぞら》に見える白い川のようなもの。ものすごくたくさんの星《ほし》が川の形《かたち》に集《あつ》まっています。いちばんきれいなのは秋《あき》だとされていますが、もう都会《とかい》ではなかなか見ることができません。晴《は》れた夜《よる》に山へいく機会《きかい》があったら、空にながれるふしぎな川を探《さが》してみてください。

放牧《ほうぼく》の牛追《うしお》うらしき霧《きり》の声《こえ》　川辺幸一《かわべこういち》

露《つゆ》の玉《たま》つまんで見《み》たるわらべ哉《かな》　小林一茶《こばやしいっさ》

天《あま》の川《がわ》こんぺいとうの運河《うんが》かな　小学六年生

【星月夜《ほしづきよ》】

たくさんの星《ほし》が見える夜《よる》のこと。秋《あき》は空気が澄《す》んでいて、晴《は》れた夜《よる》には満天《まんてん》の星空《ほしぞら》が見られます。画家《がか》のゴッホは「星月夜《ほしづきよ》」という題名《だいめい》の幻想的《げんそうてき》な絵《え》を描《か》きました。そのせいか、星月夜《ほしづきよ》ということばには、なんとなくおしゃれではなやかなイメージがあります。

星月夜《ほしづきよ》原《はら》の一本杉《いっぽんすぎ》高《たか》し　正岡子規《まさおかしき》

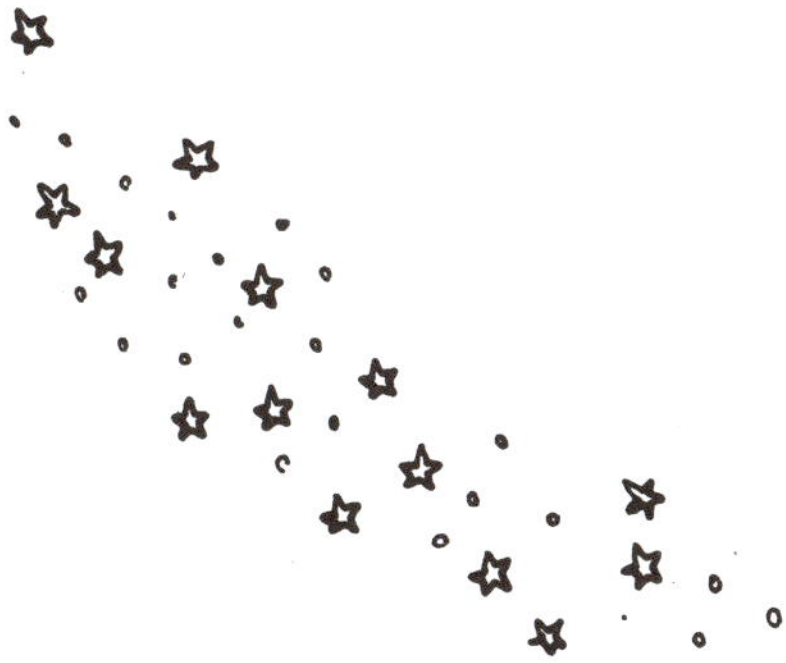

くらし

【墓参《はかまい》り】

お墓参《はかまい》りは季節《きせつ》に関係《かんけい》ないけれど、お盆《ぼん》の時《じ》期《き》にすることが多《おお》いので秋《あき》の季語《きご》。亡《な》くなった家族《かぞく》や先祖《せんぞ》のお墓《はか》にいき、墓石《ぼせき》を洗《あら》ったり、花や線香《せんこう》を手向《たむ》けたりします。生きている自《じ》分《ぶん》がいるのは、死《し》んだご先祖《せんぞ》さまがいたからで、そう考《かんが》えるとなんだかふしぎだなー……。

夕月《ゆうづき》や涼《すず》みがてらの墓参《はかまいり》

小林一茶《こばやしいっさ》

【冬支度《ふゆじたく》】

冬《ふゆ》の準備《じゅんび》をすること。冬用《ふゆよう》のふとんや毛布《もうふ》を干《ほ》したり、コートやセーターをだしたり、暖《だん》房《ぼう》のフィルターをそうじしたり。冬《ふゆ》の暮《く》らしに必要《ひつよう》なものを整《ととの》えながら、「寒《さむ》い季節《きせつ》がくるぞ」と気持《きも》ちも準備《じゅんび》していきます。冬《ふゆ》の到《とう》来《らい》はゆううつな気持《きも》ちが半分《はんぶん》、楽《たの》しみが半分《はんぶん》。

踏台《ふみだい》の紅《あか》い丸椅子《まるいす》冬支度《ふゆじたく》

岡本眸《おかもとひとみ》

【夜《よ》なべ】

夜《よる》に仕事《しごと》をすること。夜《よる》が長《なが》くなる秋《あき》、むかしの人は寝《ね》るまでのあいだにいろいろな作業《さぎょう》をしました。農家《のうか》だったらお米《こめ》を入れるたわらを編《あ》んだり、漁師《りょうし》さんだったら魚《さかな》の網《あみ》を修理《しゅうり》したり。会社《かいしゃ》で遅《おそ》くまで残業《ざんぎょう》したり、パソコンで作業《さぎょう》するのが現代《げんだい》の夜《よ》なべ。

眠《ねむ》りこけつつ尚止《なおや》めぬ夜《よ》なべかな　高浜虚子《たかはまきょし》

【夜食《やしょく》】

遅《おそ》くまで夜《よ》なべをしているとお腹《なか》がすきます。そこで食《た》べる軽《かる》い食事《しょくじ》が「夜食《やしょく》」。それを楽《たの》しみに勉強《べんきょう》にはげむ受験生《じゅけんせい》もいるでしょう。季節《きせつ》に関係《かんけい》ないことばのようですが、夜《よ》なべとともに秋《あき》の季語《きご》。ラーメンやうどん、お茶漬《ちゃづ》けなどあたたかいものだとホッとします。

人の顔《かお》みつつたべゐ《(い)》る夜食《やしょく》かな　上村占魚《うえむらせんぎょ》

どうぶつ

【つくつく法師《ぼうし》】

セミの多《おお》くは真夏《まなつ》にでてきますが、「ツクツクオーシ」と鳴《な》くつくつく法師《ぼうし》と、「カナカナカナ……」と鳴《な》く**ひぐらし**は夏《なつ》のおわりから秋《あき》にかけて登場《とうじょう》します。このふたつのセミの声《こえ》が聞《き》こえてくると「あーあ、夏《なつ》がおわっちゃうなぁ」とさびしい気持《きも》ちになります。

夕飯《ゆうはん》ヤックツクボーシヤカマシキ

正岡子規《まさおかしき》

【ばった（螇蚸）】

秋《あき》に原《はら》っぱや田んぼで見かける虫。長《なが》い後《うし》ろあしをつかってピョーンとはねます。跳《と》びながら「キチキチキチキチ……」と音をだす種類《しゅるい》もいて、**きちきち**というかわいい呼《よ》び名がついています。姿《すがた》が似《に》ている仲間《なかま》には**いなご**がいて、これは炒《い》ったり佃煮《つくだに》などにして食《た》べます。

しづ《(ず)》かなる力満《ちからみ》ちゆき螇蚸《ばった》とぶ

加藤楸邨《かとうしゅうそん》

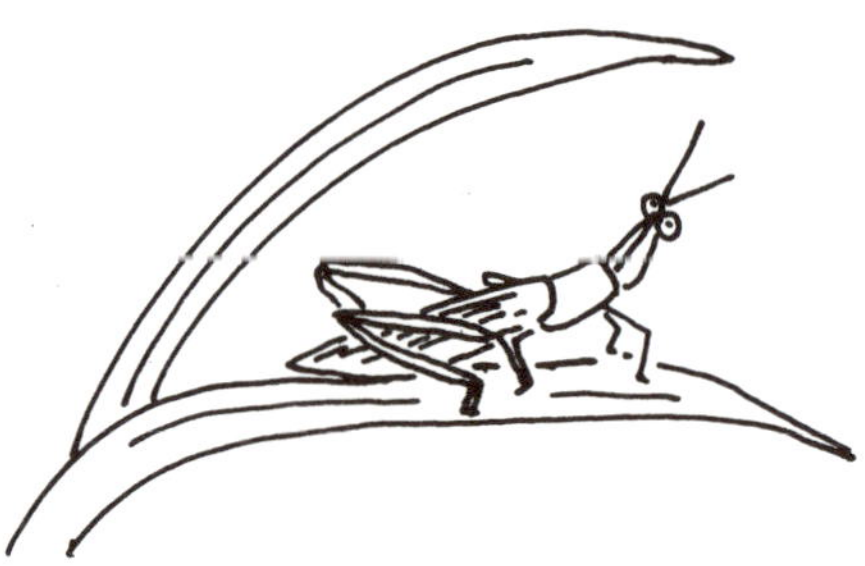

とんぼ（蜻蛉）

二対《つい》のうすい羽《はね》を左右にピンと張《は》って飛《と》ぶ昆《こん》虫《ちゅう》。目が大きく、お腹《なか》は細長《ほそなが》い。体《からだ》が赤い**あきあかね**、黒《くろ》と灰色《はいいろ》の**しおからとんぼ**、大きい**おにやんま**など多《おお》くの種類《しゅるい》がいます。澄《す》んだ青空をスイスイと飛《と》び回《まわ》るとんぼは楽《たの》しそう。なんだかなつかしい気持《きも》ちになる。

赤《あか》とんぼわやわや飛《と》んで歩《ある》けない

小学六年生

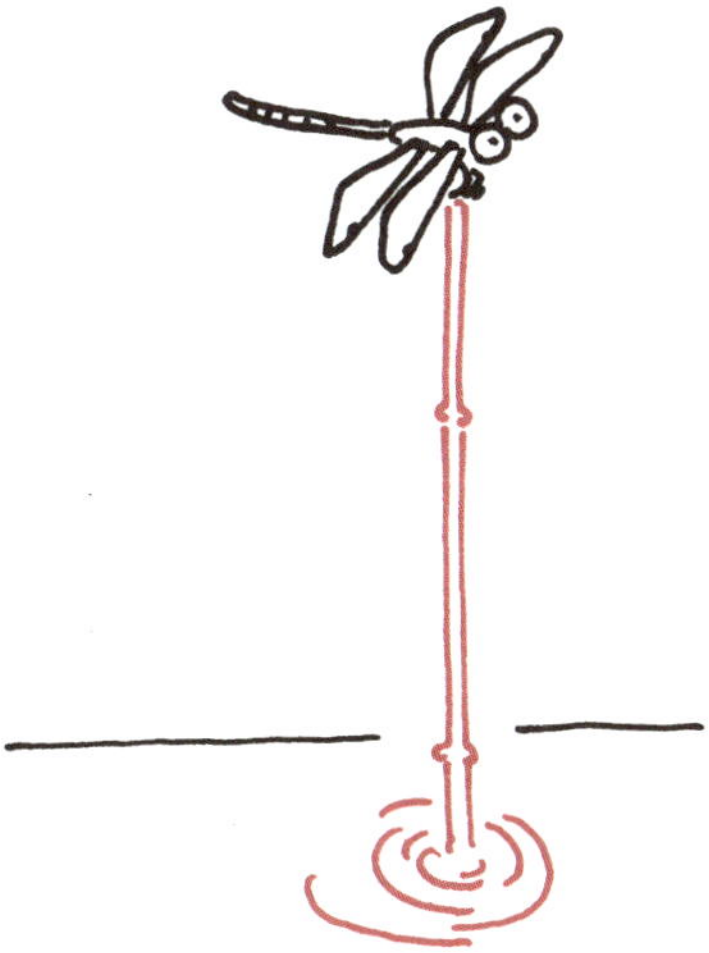

かまきり（蟷螂）

かまのような形《かたち》をした大きな前《まえ》あしをもつ昆《こん》虫《ちゅう》。この前《まえ》あしでばったやとんぼ、ときにはかえるをおそって食《た》べます。敵《てき》に対《たい》しても前《まえ》あしをふりあげて向《む》かっていくはげしい性格《せいかく》の持《も》ち主《ぬし》。オスよりメスのほうが大きい。**蟷《とう》螂《ろう》**、**いぼむしり**と呼《よ》ばれることも。

石《いし》の上《うえ》に踊《おど》るかまきり風《かぜ》も無《な》し

西東《さいとう》三鬼《さんき》

【もず（鵙、百舌鳥）】

体長《たいちょう》二十センチほどの鳥《とり》で、山でも都市部《としぶ》でもよく見かけます。秋《あき》、しっぽを上下《じょうげ》にふりながら「キーキーキー」と鳴《な》きます。食《た》べるのは虫、かえる、とかげなど。つかまえた獲物《えもの》を、とがった木の枝《えだ》や針金《はりがね》などに刺《さ》しておく習性《しゅうせい》があり、どうもうなイメージ。

【すずむし（鈴虫）】

二、三センチの黒《くろ》い虫で、秋《あき》に「リーンリーン」と澄《す》んだ声《こえ》で鳴《な》きます。平安時代《へいあんじだい》の貴族《きぞく》も鈴《すず》虫《むし》をかごに入れてその声《こえ》を楽《たの》しんでいたとか。秋《あき》にはほかにも、**松虫《まつむし》**、**蟋蟀《こおろぎ》**、**鉦叩《かねたたき》**、**馬追《うまおい》**など鳴《な》く虫がたくさんいて、夜《よる》、耳をすますとそれぞれ自慢《じまん》の音色《ねいろ》を聞《き》かせてくれます。

【かり（雁）】

秋《あき》が深《ふか》まったころ、北《きた》から日本に飛《と》んできて、春《はる》までを沼《ぬま》や湖《みずうみ》などで過《す》ごすわたり鳥《どり》。**がん**、**かりがね**ともいいます。数《すう》十羽《じっぱ》がV《ブイ》の字をさかさまにしたような形《かたち》の隊列《たいれつ》を組《く》んで移動《いどう》するのが特徴《とくちょう》。その**雁《かり》の列《つら》**を見あげていると、はるか遠《とお》い場所《ばしょ》を想像《そうぞう》してしみじみします。

鵙《もず》鳴《な》くや一番高《いちばんたか》い木《き》のさきに　正岡子規《まさおかしき》

すず虫《むし》と地蔵《じぞう》もおばけもカーニバル　小学六年生

雁啼《かりな》くやひとつ机《つくえ》に兄《あに》いもと　安住敦《あずみあつし》

かめむし（亀虫）

代表的《だいひょうてき》な亀虫《かめむし》は茶色《ちゃいろ》か緑色《みどりいろ》で、体《からだ》は上から見ると五角形《ごかっけい》。危険《きけん》を感《かん》じるとお腹《なか》からとてもくさいにおいを発《はっ》します。そのため**放屁虫**《へひりむし》、**へこきむし**とも呼《よ》ばれます。くさいときらわれ、へんな名前《なまえ》をつけられても亀虫《かめむし》は平気《へいき》な顔《かお》で生きている。すごいやつです。

放屁虫《へひりむし》青々《あおあお》と濡《ぬ》れゐ《（い）》たりける　山口青邨《やまぐちせいそん》

しょくぶつ

【へちま（糸瓜）】

つるのある植物《しょくぶつ》で、夏《なつ》に黄色《きいろ》い花が咲《さ》いたあと、秋《あき》に大きなきゅうりのような実《み》がなります。緑《みどり》のうちは煮《に》ものなどにして食《た》べることができ、茶色《ちゃいろ》くなると体《からだ》を洗《あら》うタワシに。また、茎《くき》を切《き》ってへちまの液体《えきたい》を集《あつ》めると化粧《けしょう》水《すい》に。おもしろくて役《やく》に立つ植物《しょくぶつ》。

さぼてんにどうだと下《さが》る糸瓜《へちま》哉《かな》

小林一茶《こばやしいっさ》

【ほおずき（鬼灯）】

七十センチほどの高《たか》さに育《そだ》つ草で、夏《なつ》から秋《あき》にかけてオレンジ色《いろ》の袋《ふくろ》につつまれた実《み》をつけます。東京《とうきょう》・浅草《あさくさ》のほおずき市《いち》は江戸時代《えどじだい》からつづく行事《ぎょうじ》。形《かたち》がちょうちんに似《に》ているため、地域《ちいき》によってはお盆《ぼん》にほおずきの実《み》を飾《かざ》ります。かわいくて、どこかなつかしい。

少年《しょうねん》に鬼灯《ほおずき》くるる少女《しょうじょ》かな

高野素十《たかのすじゅう》

朝顔《あさがお》

夏《なつ》から秋《あき》にかけて、ラッパのような形《かたち》の花が咲《さ》く植物《しょくぶつ》。日本に種《たね》が伝《つた》わったのは奈良時代《ならじだい》で、それからずっと愛《あい》されてきました。多《おお》くの人が品種改良《ひんしゅかいりょう》に取《と》り組《く》み、花の大きさ、形《かたち》、色《いろ》にはさまざまな種類《しゅるい》があります。朝《あさ》に咲《さ》き、昼《ひる》にはしぼむようすはかれんですがすがしい。

あさがおのつるがからんでけんかする　小学一年生

コスモス（秋桜）

秋《あき》になると細《ほそ》い茎《くき》の先に白、ピンク、えんじ色《いろ》などの花が咲《さ》く草。田んぼのあぜ道《みち》、河川敷《かせんしき》、線路脇《せんろわき》など、いろいろな場所《ばしょ》で見かけます。群《む》れて咲《さ》くことも多《おお》く、風《かぜ》が吹《ふ》いてコスモスがいっせいにゆれるようすは、秋《あき》のさわやかさとせつなさの両方《りょうほう》を感《かん》じさせます。

コスモスがしゃなりしゃなりとゆれている　中学二年生

【まんじゅしゃげ（曼珠沙華）】

九月ごろ、地面《じめん》から茎《くき》がのびてきて、まっ赤な火花《ひばな》が散《ち》るような形《かたち》の花が咲《さ》きます。田んぼのあぜ道《みち》や墓地《ぼち》などで見ることが多《おお》い。短《みじか》いいのちを燃《も》やしているようなきょうれつな色《いろ》と形《かたち》。名前《なまえ》もおもしろく、**彼岸花**《ひがんばな》、**死人花**《しびとばな》、**狐花**《きつねばな》などいろいろな呼《よ》び方《かた》があります。

【猫《ねこ》じゃらし】

日当《ひあ》たりのよい原《はら》っぱや道《みち》ばたに生《は》える高《たか》さ六十センチほどの草。夏《なつ》から秋《あき》にかけて、茎《くき》の先にブラシのような穂《ほ》ができます。これを猫《ねこ》の前《まえ》でふると猫《ねこ》がよろこんでじゃれてくるのでこの名《な》前《まえ》がつきました。形《かたち》が子犬のしっぽに似《に》ていることから**狗尾草**《えのころぐさ》ともいう。

【すすき（芒）】

日当《ひあ》たりのいい山の斜面《しゃめん》や河川《かせん》敷《しき》などに生《は》える、高《たか》さ一、二メートルの草。葉《は》っぱは細長《ほそなが》くてかたい。秋《あき》になると茎《くき》の先にふさふさしたほうきのような白い花がつき、お月見のときに飾《かざ》ります。夕日を受《う》けると銀色《ぎんいろ》に光《ひか》り、風《かぜ》が吹《ふ》くと波《なみ》のように大きくゆれて美《うつく》しい。

振《ふ》り向《む》けば水《みず》の音《おと》せし曼珠沙華《まんじゅしゃげ》　中嶋《なかじま》いづる

雨風《あめかぜ》の濡《ぬ》れては乾《かわ》き猫《ねこ》ぢ《(じ)》ゃらし　三橋鷹女《みつはしたかじょ》

ゆさゆさとゆれてススキのダンスです　中学一年生

【菊《きく》】

秋《あき》に白、黄色《きいろ》、むらさきなどの花が咲《さ》く植物《しょくぶつ》。花びらが多《おお》い。桜《さくら》とならんで日本を代表《だいひょう》する花で、菊《きく》の花のデザインは五十円玉や日本のパスポートにつかわれています。観賞《かんしょう》のために育《そだ》てる大きくてゴージャスな花から、かれんに群《む》れて咲《さ》く小菊《こぎく》まで、種類《しゅるい》が豊富《ほうふ》。

菊《きく》の花《はな》咲《さ》くや石屋《いしや》の石《いし》の間《あい》

松《まつ》尾《お》芭《ば》蕉《しょう》

【はぎ（萩）】

山や庭園《ていえん》などに生《は》える背《せ》の低《ひく》い木。秋《あき》、細《ほそ》い枝《えだ》に白や赤むらさき色《いろ》の小さな花がたくさん咲《さ》きます。日本ではむかしから人気があり、もっとも古《ふる》い歌集《かしゅう》である「万葉集《まんようしゅう》」にいちばん多《おお》く登場《とうじょう》する植物《しょくぶつ》。はですぎず、やわらかく、かわいらしいのが日本人好《ごの》みです。

風《かぜ》立《た》つや風《かぜ》にうなずく萩《はぎ》その他《た》

楠本憲吉《くすもとけんきち》

【つた（蔦）】

つるのある植物《しょくぶつ》で、大きな木や建物《たてもの》の壁《かべ》にからみついてのびます。夏《なつ》につやつやした緑色《みどりいろ》の葉《は》っぱがしげり、秋《あき》の終《お》わりごろに赤く色《いろ》づきます。蔦《つた》といえば紅葉《こうよう》した葉《は》を指《さ》し、秋《あき》の季語《きご》です。古《ふる》いレンガづくりの洋館《ようかん》などに蔦《つた》がはっているのは、おしゃれな秋《あき》の風景《ふうけい》。

猿《さる》一つ蔦《つた》にすがりてしぐれけり

正岡子規《まさおかしき》

どんぐり（団栗）

クヌギ、カシワ、コナラ、カシなど大きな木の実《み》。秋《あき》に木の下を歩《ある》くと、茶色《ちゃいろ》くて表面《ひょうめん》がかたくつやつやしたどんぐりがたくさん落《お》ちています。おわんのようなからをかぶっているのが特徴《とくちょう》。リスの大好物《だいこうぶつ》で、前《まえ》あしでどんぐりをつかんで食《た》べる姿《すがた》はとってもかわいい。

どんぐりがぼうしかぶっておちてくる

小学二年生

もくせい（木犀）

庭《にわ》や公園《こうえん》にある木で、秋《あき》のなかごろに香《かお》りのいい小さな花をたくさんつけます。花が白いものが銀木犀《ぎんもくせい》、オレンジ色《いろ》のものが金木犀《きんもくせい》。金木犀《きんもくせい》の香《かお》りは強《つよ》く、近《ちか》くを通《とお》るだけで「あ、金木犀《きんもくせい》が咲《さ》いてる！」とすぐに気づきます。この香《かお》りが消《き》えると、いよいよ秋《あき》も終盤《しゅうばん》。

黄昏《たそがれ》が金木犀《きんもくせい》に触《ふ》れてを(お)り

小林苑《こばやしその》を

【からすうり（烏瓜）】

林ややぶの木につるをからめて成長《せいちょう》する植物《しょくぶつ》。秋《あき》にたまご型《がた》をしたあざやかな朱色《しゅいろ》の実《み》をつけ、鳥《とり》がつつきにやってきます（でも、とくにカラスの好物《こうぶつ》というわけではない）。木々《きぎ》の葉《は》が落《お》ちてから、烏瓜《からすうり》の赤い実《み》だけがポツンとぶらさがっている光景《こうけい》も風情《ふぜい》があります。

烏瓜《からすうり》振《ふ》り向《む》くまでもなくひとり

鎌倉佐弓《かまくらさゆみ》

【銀杏散《いちょうち》る】

いちょうは公園《こうえん》やお寺《てら》、並木道《なみきみち》などにある背《せ》の高《たか》い木。おうぎ形《がた》の葉《は》っぱは、秋《あき》が深《ふか》まると明《あか》るい黄色《きいろ》に色《いろ》づきます。その葉《は》っぱが散《ち》るときは、あとからあとから黄色《きいろ》のリボンが降《ふ》ってくるようでたいへん美《うつく》しい。いちょうの木の下が黄色一色《きいろいっしょく》に染《そ》まるのもみごとです。

銀杏《いちょう》ちる兄《あに》が駈《か》ければ妹《いもうと》も

安住敦《あずみあつし》

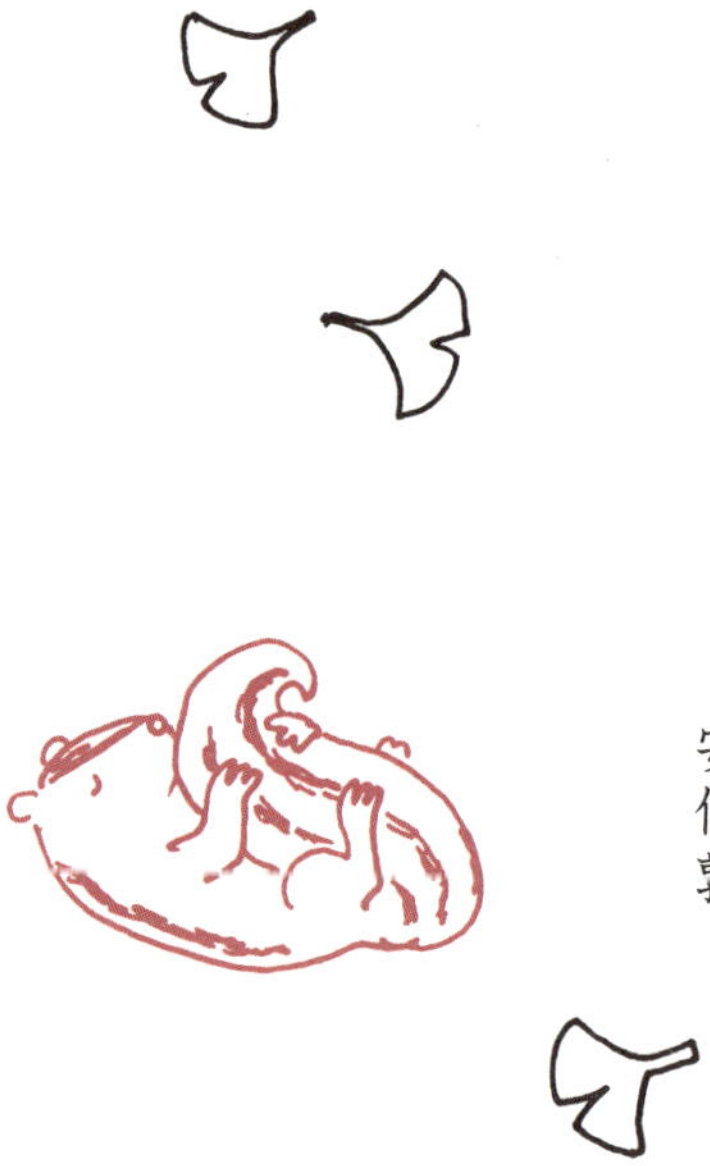

春《はる》なのに秋《あき》。秋《あき》だけど春《はる》。竹の季語《きご》のふしぎ

「春《はる》」がついているのに、秋《あき》の季語《きご》。そんなふしぎなことばが**竹《たけ》の春《はる》**です。たけのことして地面《じめん》に顔《かお》をだした竹は、夏《なつ》のあいだにぐんぐんとのびて、秋《あき》には青々《あおあお》とした葉《は》をしげらせます。ほかの植物《しょくぶつ》が紅葉《こうよう》したり落葉《らくよう》しているのを横目《よこめ》に、まるで竹だけは春《はる》のようなみずみずしさ。それを竹の春《はる》と表現《ひょうげん》しているのです。

■坂《さか》かけて夕日《ゆうひ》美《うつく》し竹《たけ》の春《はる》　中村汀女《なかむらていじょ》

さてその後《ご》、竹はどうなるかというと……。冬《ふゆ》を越《こ》し、春《はる》になると、たくわえた養分《ようぶん》をたけのこに送《おく》るため、竹の葉《は》っぱは黄色《きいろ》くおとろえていきます。そしてついには葉《は》っぱが落《お》ちてしまう。ほかの植物《しょくぶつ》が若芽《わかめ》をだして成長《せいちょう》していく時期《じき》に、竹だけは秋《あき》のような姿《すがた》をしている。これを**竹《たけ》の秋《あき》**といい、春《はる》の季語《きご》になっています。

■金星《きんせい》を沈《しず》めて丘《おか》は竹《たけ》の秋《あき》　五島高資《ごとうたかとし》

もうひとつ、季節《きせつ》がねじれているおもしろい季語《きご》に**麦《むぎ》の秋《あき》**があります。麦《むぎ》は、初夏《しょか》のころに穂《ほ》が黄金色《こがねいろ》に実《みの》ります。だからこれは、「秋《あき》」がつくけど夏《なつ》の季語《きご》。初夏《しょか》のさわやかな風《かぜ》が麦畑《むぎばたけ》をゆらす明《あか》るい風景《ふうけい》で、**麦秋《ばくしゅう》**ともいいます。

■教師《きょうし》みな声《こえ》を嗄《から》して麦《むぎ》の秋《あき》　岩田由美《いわたゆみ》

おもしろいことば

3 9月

秋《あき》の蚊《か》

夏《なつ》のあいだはにくたらしいほど元気《げんき》に飛《と》び回《まわ》り、人を刺《さ》しまくっていた蚊《か》。秋《あき》になっても蚊《か》はでますが、すっかり弱々《よわよわ》しいようす。そのちょっとさびしい姿《すがた》を季語《きご》にするのが俳句《はいく》のおもしろいところです。**別《わか》れ蚊《か》**、**残《のこ》る蚊《か》**ともいい、似《に》た形《かたち》の季語《きご》に**秋《あき》の蠅《はえ》**があります。

秋《あき》の蚊《か》のよろよろと来《き》て人《ひと》を刺《さ》す

正岡子規《まさおかしき》

秋暑《あきあつ》し

秋《あき》になったのに、まだまだ暑《あつ》い。いったいいつになったらすずしくなるのやら。そんな「やれやれ……」という気分《きぶん》をあらわす季語《きご》です。暑《あつ》さが残《のこ》っているということから**残暑《ざんしょ》**ともいいます。それでもいずれ気温《きおん》が下がり、暑《あつ》さに不満《ふまん》をいった日々《ひび》がなつかしくなります。

秋暑《あきあつ》し鹿《しか》の匂《にお》ひ《(い)》の石畳《いしだたみ》

木村蕪城《きむらぶじょう》

【桐一葉《きりひとは》】

桐《きり》の葉《は》っぱは、おとなの顔《かお》が隠《かく》れるほど大きい。その葉《は》っぱが一枚《まい》はらりと落《お》ちてきて、「あ、秋《あき》が来《き》たな」と感《かん》じます。そんな静《しず》かだけれど劇的《げきてき》な瞬間《しゅんかん》を切《き》り取《と》った季語《きご》。中国《ちゅうごく》の古《ふる》いことば「一葉《いちよう》落《お》ちて天下《てんか》の秋《あき》を知《し》る」がもとになっています。

桐一葉《きりひとは》すとんと落《お》ちてこちら向《む》く

中戸川朝人《なかとがわちょうじん》

【身《み》に入《し》む】

体《からだ》のおくまでじわーっと染《し》みこむように感《かん》じることを「身《み》に入《し》む」といいます。どんなに陽気《ようき》なで人も、秋《あき》になるとなぜかさびしい気《き》持《も》ちになります。そのしみじみした心《こころ》をあらわす季語《きご》。むかしの短歌《たんか》や俳句《はいく》にも登場《とうじょう》します。さびしいのはいつの時代《じだい》も同《おな》じ。

学《まな》ぶ夜《よ》の更《ふ》けて身《み》に入《し》む昔哉《むかしかな》

正岡子規《まさおかしき》

【野分《のわき》】

秋《あき》に吹《ふ》き荒《あ》れる嵐《あらし》のこと。強風《きょうふう》をともなった台風《たいふう》をいうむかしのことばです。風《かぜ》の勢《いきお》いで野《の》の草が倒《たお》れ、分《わ》け目《め》がついてしまう……だから野分《のわき》というわけです。むかしの人は、野《の》分《わき》のあとの荒《あ》れ果《は》てた庭《にわ》を見て「これも秋《あき》の風景《ふうけい》だねぇ」とおもしろがっていたみたい。

野《の》分《わき》して隣《となり》に遠《とお》き山家《やまが》かな

会津八一《あいづやいち》

【天高《てんたか》し】

まっ青に澄《す》みきっている秋《あき》の空をあらわす季《き》語《ご》。移動性高気圧《いどうせいこうきあつ》のせいで上空《じょうくう》を乾《かわ》いた空気がおおうため、秋《あき》の空は高《たか》く見えるのだそうです。ちっぽけな人間《にんげん》のちっぽけな悩《なや》みなんて、空にとけていってしまうよう。豪快《ごうかい》でスケールの大きなことば。**秋高《あきたか》し**ともいいます。

天高《てんたか》し巻尺《まきじゃく》最後《さいご》まで伸《の》ばす

宮本佳世乃《みやもとかよの》

【馬肥《うまこ》ゆ】

中国《ちゅうごく》の古《ふる》い詩《し》から「天高《てんたか》く馬肥《うまこ》ゆる秋《あき》」という言《い》い回《まわ》しが生まれました。秋《あき》になると人間《にんげん》も動物《どうぶつ》も食欲《しょくよく》が増《ま》すことが多《おお》いようです。馬《うま》も寒《さむ》い冬《ふゆ》に備《そな》えて皮膚《ひふ》の下に脂肪《しぼう》をたくわえるため、たくさん食《た》べて太《ふと》ります。堂々《どうどう》とした馬《うま》が青空の下にいる、気持《きも》ちのいい風景《ふうけい》。

丘《おか》の上《え》に雲《くも》と遊《あそ》びて馬肥《うまこ》ゆる

森田《もりた》峠《とうげ》

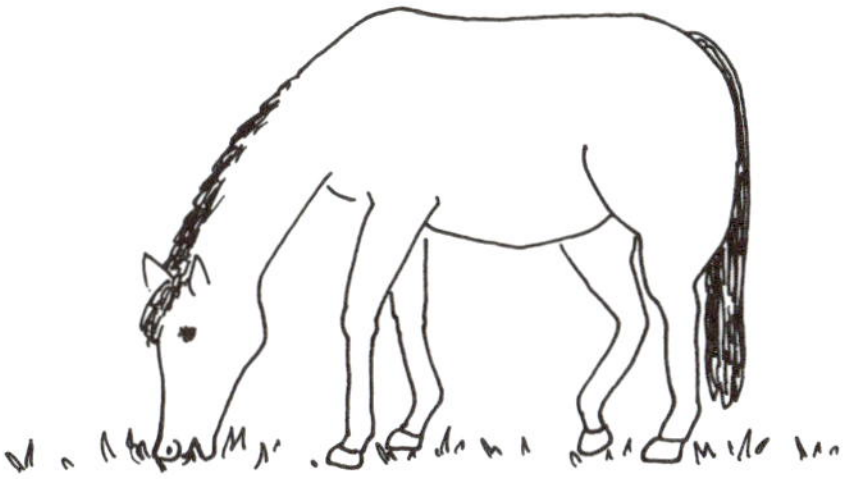

【釣瓶落《つるべお》とし】

釣瓶《つるべ》とは、井戸《いど》で水をくむときにつかうおけのこと。秋《あき》の太陽《たいよう》は、まるで釣瓶《つるべ》が井戸《いど》の穴《あな》に落《お》ちていくように速《はや》く沈《しず》みます。それを「秋《あき》の日は釣瓶落《つるべお》とし」といい、季語《きご》では「釣瓶落《つるべお》とし」だけをつかいます。夕焼《ゆうや》けがあっというまに暗《くら》くなるおどろき。

英単語《えいたんご》あんしょう釣瓶落《つるべお》としかな

北島《きたじま》和《わ》奘《じょう》

【夜長《よなが》】

夏《なつ》のあいだは短《みじか》かった夜《よる》がだんだん長《なが》くなり、九月二十三日ごろを境《さかい》に、昼《ひる》の長《なが》さを夜《よる》が逆転《ぎゃくてん》します。夜《よる》が長《なが》いと、寝《ね》るまでの時間《じかん》がたっぷりあってうれしい。本を読《よ》んだり、音楽《おんがく》を聴《き》いたり、おしゃべりをしたり。長《なが》い夜《よる》をゆったり過《す》ごすようすが思《おも》い浮《う》かぶ季語《きご》です。

【灯火親《とうかした》しむ】

灯火《とうか》とは明《あ》かりのこと。長《なが》く感《かん》じられる秋《あき》の夜《よる》、明《あ》かりの下で本を読《よ》んだり、勉強《べんきょう》することをいう季語《きご》です。千三百年も前《まえ》に生きた中国《ちゅうごく》の詩人《しじん》・韓愈《かんゆ》のことばからとられています。はるかむかしから秋《あき》は読書《どくしょ》にぴったりの季節《きせつ》だったんだなぁ。BGM《ビージーエム》は虫の声《こえ》。

【蛇穴《へびあな》に入《い》る】

春《はる》に穴《あな》からはいだしてきた蛇《へび》は、秋《あき》になると冬眠《とうみん》するため地中《ちちゅう》の穴《あな》に入っていきます。春《はる》の**蛇穴《へびあな》を出《い》づ**と対《つい》になる季語《きご》。寒《さむ》くなってきても穴《あな》に入らずウロウロしている蛇《へび》は**穴惑《あなまどい》**といい、穴《あな》が見当《みあ》たらず「困《こま》ったなぁ」とうろうろする蛇《へび》のようすが目に浮《う》かぶおもしろい季語《きご》です。

千年の後《のち》を考《かんが》へ(え)る夜長《よなが》かな　正岡子規《まさおかしき》

灯火親《とうかした》し英語話《えいごはな》せる火星人《かせいじん》　小川軽舟《おがわけいしゅう》

穴惑水《あなまどいみず》のほとりに居《お》りにけり　日野草城《ひのそうじょう》

【蚯蚓《みみず》鳴《な》く】

秋《あき》の夜《よる》、地中《ちちゅう》から「ジイー……」と音が聞《き》こえることがあります。それは土にすむおけらという虫の鳴《な》き声《ごえ》。それをみみずの声《こえ》だと想像《そうぞう》した人がいてこの季語《きご》が生まれました。みみずは声《こえ》をださない生きものなのに「鳴《な》く」なんて。物《もの》思《おも》いの秋《あき》ならではのふしぎな季語《きご》です

里《さと》の子《こ》や蚯蚓《みみず》の唄《うた》に笛《ふえ》を吹《ふ》く　小林一茶《こばやしいっさ》

むかしの月のおしゃれな名前《なまえ》

旧暦《きゅうれき》をつかっていたころ、月にはおしゃれな名前《なまえ》がつけられていました。

一月	**睦月《むつき》**
二月	**如月《きさらぎ》**
三月	**弥生《やよい》**
四月	**卯月《うづき》**
五月	**皐月《さつき》**
六月	**水無月《みなづき》**
七月	**文月《ふづき・ふみづき》**
八月	**葉月《はづき》**
九月	**長月《ながつき》**
十月	**神無月《かんなづき》**
十一月	**霜月《しもつき》**
十二月	**師走《しわす》**

睦月《むつき》から**師走《しわす》**まで、ぜんぶ季語《きご》です。旧暦《きゅうれき》と新暦《しんれき》は一ヶ月から一ヶ月半《はん》くらいずれているので、たとえばむかしの睦月《むつき》と現在《げんざい》の一月は時期《じき》がぴったり一致《いっち》するわけではありません。ま、それはそれとして。むかしの月の名前《なまえ》には独特《どくとく》のあじわいがあって、すてきな俳句《はいく》ができる魔法《まほう》のことばなのです。

■如月《きさらぎ》の息《いき》かけて刃《は》のうらおもて　長谷川久々子《はせがわくぐし》

刃物《はもの》の裏《うら》と表《おもて》に「はぁーっ」と息《いき》をかけてみがいているのでしょうか。これが「二月の息《いき》かけて刃《は》のうらおもて」だったら現代《げんだい》の日常《にちじょう》の風景《ふうけい》が浮《う》かびます。でも、如月《きさらぎ》という季語《きご》をつかうと、なんだか古《ふる》い映画《えいが》やテレビの時代劇《じだいげき》のワンシーンのようにも思《おも》えて、おもしろさがふくらみます。

＊＊＊

十月は**神無月**《かんなづき》といいます。この時期《じき》、日本各地《かくち》にいるたくさんの神《かみ》さまが出雲大社《いずもたいしゃ》に集《あつ》まるといわれています。全国《ぜんこく》から神《かみ》さまがいなくなる、だから神無月《かんなづき》。ただ出雲地方《いずもちほう》だけは十月を**神在月**《かみありづき》というそうです。

空狭《そらせま》き都《みやこ》に住《す》むや神無月《かんなづき》　夏目漱石《なつめそうせき》

詣《もう》で来《き》て神在月《かみありづき》の大社《たいしゃ》かな　石田雨圃子《いしだうぼし》

都《みやこ》に住《す》む人は神無月《かんなづき》、出雲《いずも》を旅《たび》している人は神在月《かみありづき》という季語《きご》をつかって俳句《はいく》をつくっています。

＊＊＊

十二月になると、ニュースで「今日《きょう》から師走《しわす》です」なんていいますね。師《し》はお坊《ぼう》さんの意《い》味《み》。お坊《ぼう》さんが走《はし》り回《まわ》るほどいそがしい年末《ねんまつ》なので、師走《しわす》というとの説《せつ》もあります。

十字路《じゅうじろ》の十字《じゅうじ》の往《い》き来《き》街《まち》師走《しわす》　粟津松彩子《あわづしょうさいし》

師走《しわす》という季語《きご》から、慌《あわ》ただしい雰囲気《ふんいき》が伝《つた》わってきます。「十二月」だとこの感《かん》じはでない。むかしの月の名前《なまえ》の効果《こうか》がバッチリでている句《く》です。

冬

【冴《さ》ゆ】

冴《さ》ゆる夜《よ》のこころの底《そこ》にふるるもの

久保田万太郎《くぼたまんたろう》

冷《ひ》えこみのつよい冬《ふゆ》の夜《よる》や朝《あさ》の、空気がキーンとはりつめて、
なにもかもが澄《す》みきっているような感《かん》じ。
月冴《つきさ》ゆは月のかがやきがくっきりしているようす、
鐘冴《かねさ》ゆは鐘《かね》の音ににごりがないようすをいいます。
ものすごく寒《さむ》いときにだけ出会《であ》える、美《うつく》しい世界《せかい》のかけら。

くらし

【ふとん（蒲団）】

寝《ね》るときに体《からだ》の下にしいたり、上にかけたりする道具《どうぐ》。布《ぬの》の袋《ふくろ》に綿《わた》や羽毛《うもう》が入っています。季節《きせつ》に関係《かんけい》なくつかうけど冬《ふゆ》の季語《きご》。寒《さむ》い夜《よる》にふとんに入ってぬくぬくするのはいい気持《きも》ち。晴《は》れた日にふとんを干《ほ》すと、ふっくらしてお日さまのにおいがします。

蒲団《ふとん》着《き》て寝《ね》たる姿《すがた》や東山《ひがしやま》　服部嵐雪《はっとりらんせつ》

【セーター】

毛糸《けいと》で編《あ》んだ、頭《あたま》からかぶって着《き》る形《かたち》の上着《うわぎ》。もともとヨーロッパの漁師《りょうし》さんが寒《さむ》い海《うみ》で着《き》ていたものが世界《せかい》にひろまりました。洗濯《せんたく》するとちぢみやすく、たんすのなかで虫に食《く》われて穴《あな》があくことも。お気に入りのセーターを長《なが》く着《き》るには、大事《だいじ》にあつかうべし。

おしゃべりなトックリセーター来《き》て帰《かえ》る　笠井亞子《かさいあこ》

【マフラー】

寒《さむ》いときに首《くび》に巻《ま》く、長細《ながほそ》い布《ぬの》。毛糸《けいと》を編《あ》んだものや綿《めん》やシルクを織《お》ったものなどがあります。冷《つめ》たい風《かぜ》が吹《ふ》く日にはマフラーがあるだけで勇気《ゆうき》百倍《ばい》！　元気《げんき》にでかけられます。巻《ま》き方《かた》や上着《うわぎ》の色《いろ》との組《く》みあわせを工夫《くふう》するのも楽《たの》しい。**えりまき**ともいいます。

マフラーを巻《ま》き直《なお》しバス停留所《ていりゅうじょ》

村《むら》田《た》篠《しの》

【手袋《てぶくろ》】

寒《さむ》いとき、手と指《ゆび》にかぶせてはめるもの。毛《け》糸《いと》で編《あ》んだもの、フリース地《じ》のものなどさまざまな種類《しゅるい》があります。寒《さむ》さ対策《たいさく》であると同《どう》時《じ》に、冬《ふゆ》のおしゃれ。革《かわ》でできたものはおとなっぽく、親指《おやゆび》だけが分《わ》かれたミトンはかわいらしい。かたっぽだけなくすと悲《かな》しい。

手袋《てぶくろ》の左《ひだり》許《ばか》りになりにける

正《まさ》岡《おか》子《し》規《き》

風邪《かぜ》

気温《きおん》が低《ひく》く、空気が乾《かわ》いている冬《ふゆ》は風邪《かぜ》をひきやすい季節《きせつ》。**咳《せき》**、**くしゃみ**、**鼻水《はなみず》**も冬《ふゆ》の季語《きご》です。風邪《かぜ》をひくと熱《ねつ》がでて体《からだ》がだるくなりますが、ふだん元気《げんき》な人にとっては、だるさもなんとなく楽《たの》しいもの。無理《むり》をせず、あたたかくしてたっぷりねむりましょう。

朝《あさ》よりも鳴《な》かぬカナリヤ風邪《かぜ》ごもり

阿部《あべ》みどり女《じょ》

マスク

ガーゼなどでできている、口と鼻《はな》をおおうもの。インフルエンザを予防《よぼう》したり、風邪《かぜ》をひいた人が咳《せき》をしてまわりの人にうつさないためにつけます。最近《さいきん》は花粉症《かふんしょう》の人がつけることも多《おお》いけど冬《ふゆ》の季語《きご》。マスクをつけると顔《かお》の印象《いんしょう》が変《か》わって見とれてしまいます。

マスクして目玉《めだま》おほ《(お)》きくなりにけり

小林苑《こばやしその》を

【ストーブ】

石油《せきゆ》、ガス、電気《でんき》、まきなどをつかって部屋《へや》をあたためるもの。寒《さむ》い日はストーブのまわりに人や猫《ねこ》が集《あつ》まります。近《ちか》くに洗濯物《せんたくもの》を干《ほ》したり、上にやかんをおいて湯《ゆ》をわかしたり、お餅《もち》やおいもを焼《や》いたりもします。**暖房《だんぼう》**、**ヒーター**、**暖炉《だんろ》**も冬《ふゆ》の季語《きご》。

風《かぜ》の声《こえ》火《ひ》の声《こえ》ストーブ列車《れっしゃ》発《た》つ

成田千空《なりたせんくう》

【こたつ（炬燵）】

むかしは炭《すみ》や練炭《れんたん》をつかっていましたが、現代《げんだい》は電気《でんき》ヒーターつきのテーブルに布団《ふとん》をかけてあたたまります。日本にしかない暖房器《だんぼうき》具《ぐ》で、みかんがよく似合《にあ》う。「こたつで寝《ね》ると風邪《かぜ》をひくよ」と注意《ちゅうい》されながらうたた寝《ね》するのは、うしろめたくていい気持《きも》ち。

婆々《ばば》さまの話《はな》し上手《じょうず》なこたつ哉《かな》

正岡子規《まさおかしき》

たのしいこと

【七五三《しちごさん》】

十一月十五日におこなう子どもの成長《せいちょう》を祝《いわ》う行事《ぎょうじ》。男の子は三歳《さい》と五歳《さい》、女の子は三歳《さい》と七歳《さい》に神社《じんじゃ》におまいりします。着物《きもの》やスーツを着《き》ておめかししたり、**千歳飴**《ちとせあめ》を買《か》ってもらったり、記念写真《きねんしゃしん》を撮《と》ったりうれしい一日。でも朝《あさ》からもりだくさんで夕方《ゆうがた》にはぐったり。

駆《か》けてきて転《ころ》んで泣《な》いて七五三《しちごさん》

小林苑《こばやしその》を

【雪《ゆき》だるま】

雪《ゆき》でつくるだるま。日本のものは大きな玉の上に小さな玉をのせた二段《だん》が主流《しゅりゅう》ですが、ヨーロッパやアメリカでは三段《だん》の雪《ゆき》だるまが多《おお》いとか。いい顔《かお》の雪《ゆき》だるまができても、やがてはとけて消《き》えてしまう、期間限定《きかんげんてい》の友《とも》だち。雪《ゆき》の球《たま》を投《な》げあう遊《あそ》び**雪合戦**《ゆきがっせん》も冬《ふゆ》の季語《きご》。

雪《ゆき》だるまこの子の親《おや》はこの私《わたし》

小学五年生

【スキー】

細長《ほそなが》い板《いた》をくつに取《と》りつけて雪《ゆき》の上をすべるスポーツ。スキー場《じょう》を**ゲレンデ**、すべった跡《あと》を**シュプール**といい、それらも冬《ふゆ》の季語《きご》です。スイスイと風《かぜ》を切《き》ってすべると気持《きも》ちがよく、たとえ上手《じょうず》にすべれなくても冬《ふゆ》の山の空気を吸《す》うだけでわくわくします。

スキー靴《ぐつ》脱《ぬ》がずに遅《おそ》き昼餉《ひるげ》とる

橋本《はしもと》多《た》佳子《かこ》

【スケート】

金属《きんぞく》の刃《は》がついたくつをはいて、氷《こおり》の上をすべるスポーツ。もともとはこおった池《いけ》や湖《みずうみ》でやっていましたが、現在《げんざい》は人工《じんこう》のスケートリンクですべることが多《おお》い。最初《さいしょ》はよちよち歩《ある》きでよく転《ころ》びますが、上達《じょうたつ》するとシャーッという小気味《きみ》よい音を立てて軽《かろ》やかに進《すす》みます。

アイススケートパパの手握《にぎ》ってつるつるつるつる

小学一年生

【クリスマス】

キリストの誕生日《たんじょうび》（十二月二十五日）を祝《いわ》う行事《ぎょうじ》。**クリスマスツリー**をかざり、クリスマスソングを流《なが》します。二十四日の夜《よる》は、枕《まくら》もとにくつしたをさげて、**サンタクロース**がプレゼントを持《も》ってきてくれるのを楽《たの》しみにねむります。街《まち》じゅうがウキウキする夜《よる》。

【冬休《ふゆやす》み】

多《おお》くの小学校では、年末年始《ねんまつねんし》の二週間《しゅうかん》くらいが冬休《ふゆやす》みです。北国《きたぐに》や雪《ゆき》が多《おお》い地域《ちいき》ではもう少《すこ》し長《なが》いことも。大そうじやお正月の準備《じゅんび》など、やることが多《おお》くてあわただしく過《す》ぎていきます。冬休《ふゆやす》みが終《お》わると、さて、気持《きも》ちを引《ひ》きしめてまた新《あたら》しい一年だ！

【日向《ひなた》ぼ（っ）こ】

寒《さむ》い時期《じき》、日の当《あ》たる縁側《えんがわ》やバルコニー、南向《みなむ》きの部屋《へや》などであたたまること。陽《ひ》だまりでぬくぬくと過《す》ごすと気持《きも》ちがいい。適度《てきど》に日光《にっこう》に当《あ》たることは健康《けんこう》にもよいといいます。だから人間《にんげん》だけではなく、犬や猫《ねこ》、鳥《とり》なども日向《ひなた》ぼっこが大好《す》き。冬《ふゆ》のしあわせです。

えんとつはサンタクロースのおとしあな

小学二年生

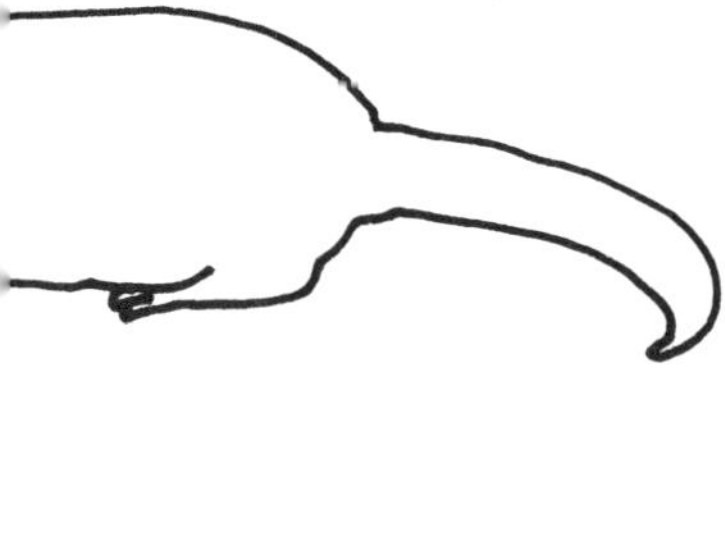

黒板《こくばん》と黒板拭《こくばんふき》と冬休《ふゆやすみ》
三橋敏雄《みつはしとしお》

どちらかと言《い》へ《（え）》ば猫派《ねこは》の日向《ひなた》ぼこ
和田順子《わだじゅんこ》

【豆《まめ》まき】

二月三日ごろ「福《ふく》はうち、鬼《おに》はそと」といいながら豆《まめ》をまく行事《ぎょうじ》。むかしから季節《きせつ》の変《か》わり目には鬼《おに》（邪気《じゃき》）がでるといわれます。それを追《お》いはらい、元気《げんき》に過《す》ごせるよう願《ねが》って豆《まめ》をまきます。鬼《おに》は悪者《わるもの》ではないと考《かんが》えて「福《ふく》はうち、鬼《おに》もうち」という地域《ちいき》も。

豆《まめ》まきの鬼《おに》やる父《ちち》は帰宅《きたく》せよ
津野利行《つのとしゆき》

おいしいもの

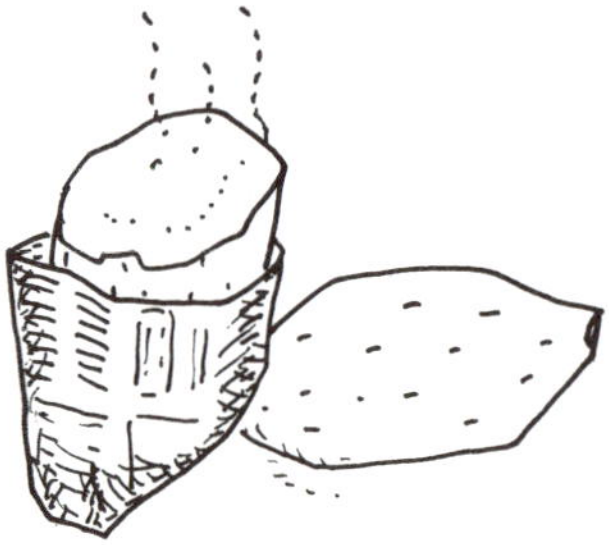

【やきいも（焼芋）】

さつまいもをそのまま焼《や》いた、ほくほくとあったかくて甘《あま》いおやつ。アルミホイルにつつんでストーブの上においたり、オーブンや電子《でんし》レンジでつくります。冬《ふゆ》になると**石やきいも**を売《う》る小さなトラックも登場《とうじょう》。スーパーマーケットの店頭《てんとう》で売《う》られることも。

【たいやき（鯛焼き）】

水でといた小麦粉《こむぎこ》をたいの形《かたち》をした型《かた》にながしこみ、なかにあんこを入れて焼《や》いたおかし。焼《や》きたては、外側《そとがわ》はパリッとして、あんこはあつあつ。それをハフハフいいながら食《た》べるのが楽《たの》しい。最近《さいきん》はカスタードクリームやチョコレートが入ったたい焼《や》きもあります。

やきいものにおいもいっしょに買《か》っちゃった
小学四年生

鯛焼《たいや》きを両手《りょうて》でつつむ歩道橋《ほどうきょう》
西原天気《さいばらてんき》

【みかん（蜜柑）】

手で皮《かわ》をむくことができ、種《たね》がほとんどないみかんは冬《ふゆ》を代表《だいひょう》するくだもの。和歌山県《わかやまけん》、愛媛県《えひめけん》、静岡県《しずおかけん》などの日当《ひあ》たりのいい山の斜面《しゃめん》で栽培《さいばい》されています。あまさとすっぱさのバランスがちょうどよく、ひとつ食《た》べたらもうひとつ……とついつい手がのびます。

さよならのかわりに蜜柑《みかん》ひとつ投《な》げ　唖々砂《ああさ》

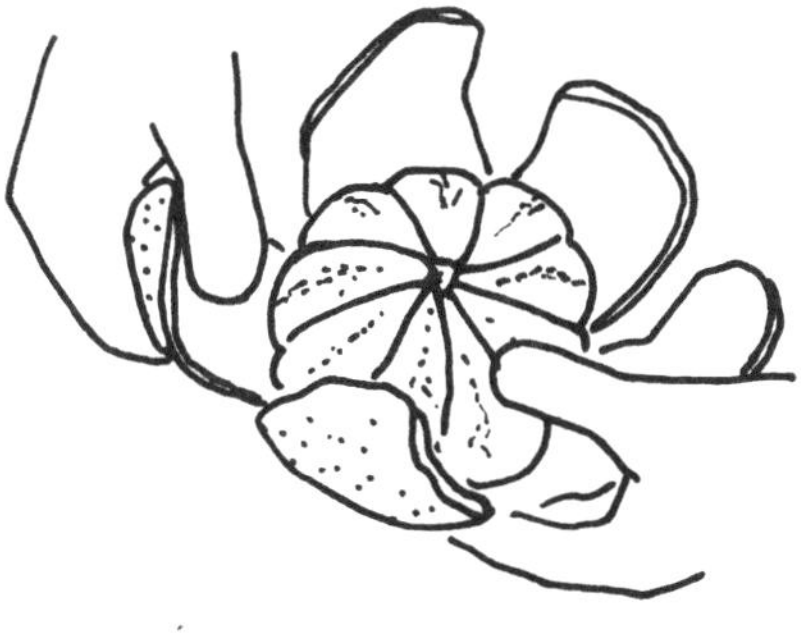

【すきやき（鋤焼）】

鉄《てつ》のなべで牛肉《ぎゅうにく》、とうふ、しらたき、野菜《やさい》などを煮《に》る（もしくは焼《や》く）料理《りょうり》。味《あじ》つけはさとうとしょう油《ゆ》。といた生《なま》たまごにつけて食《た》べます。冬《ふゆ》のごちそうで、みんなで鍋《なべ》をかこんで取《と》りわけます。お肉《にく》もおいしいけど、味《あじ》がしみて茶色《ちゃいろ》くなったしらたきもすてがたい。

鋤焼《すきやき》の煮《に》えてぐつぐつしか言《い》わぬ　高澤良一《たかざわよしかず》

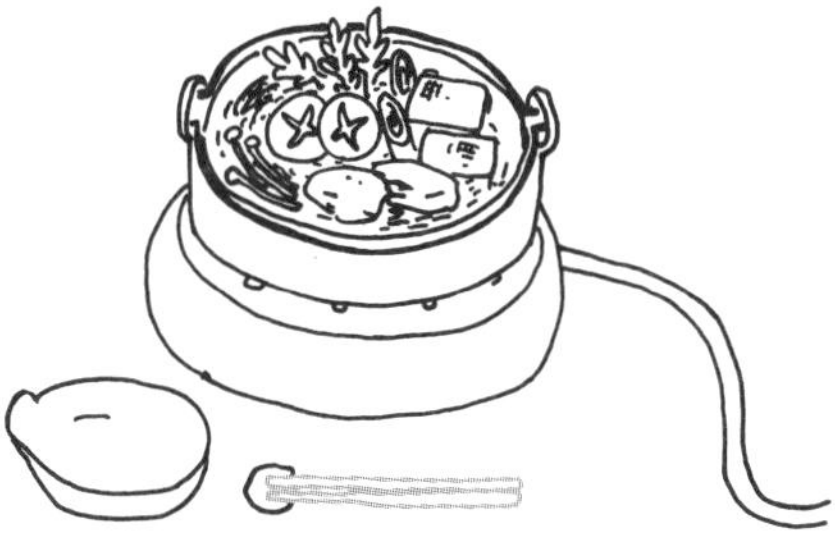

【まぐろ（鮪）】

一〜三メートルほどの大きな魚《さかな》。生《なま》のままさしみや寿司《すし》で食《た》べたり、加工《かこう》してツナの缶詰《かんづめ》や佃煮《つくだに》にします。むかしは赤身《あかみ》だけを食《た》べていましたが、いまでは脂《あぶら》ののったトロも人気。クロマグロは「黒《くろ》いダイヤ」といわれるほど貴重《きちょう》で、寒《さむ》い季節《きせつ》がいちばんおいしい。

冬《ふゆ》の夜《よ》や逆《さか》さに吊《つ》りし大鮪《おおまぐろ》

鈴《すず》木《き》真《ま》砂《さ》女《じょ》

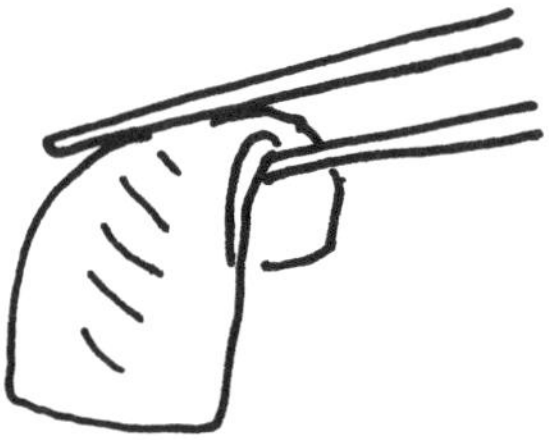

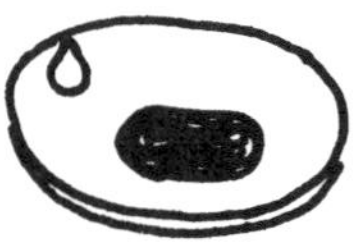

【たくあん（沢庵）】

大根《だいこん》をぬかと塩《しお》で漬《つ》けたもの。黄色《きいろ》や薄茶色《うすちゃいろ》をしています。江戸時代《えどじだい》に沢庵《たくあん》という名前《なまえ》のお坊《ぼう》さんがつくったという言《い》い伝《つた》えがあり、いまでは全国《ぜんこく》で食《た》べられています。ごはんのおかずにしたり、お茶《ちゃ》うけにしたり。かじると、カリポリといい音がします。

沢庵《たくあん》を漬《つ》けたるあとも風《かぜ》荒《あ》るる

市《いち》村《むら》究《きゅう》一《いち》郎《ろう》

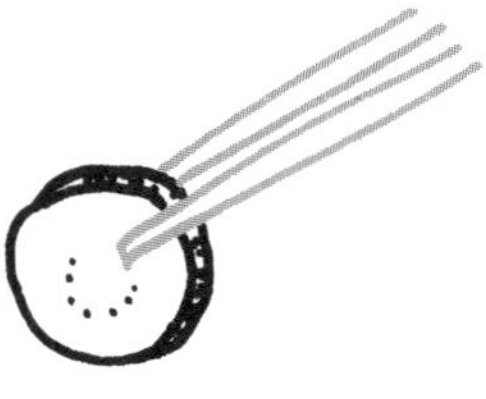

かき（牡蠣）

海《うみ》の岩《いわ》などにつく、表面《ひょうめん》がガタガタしている二枚貝《にまいがい》。真牡蠣《まがき》は冬《ふゆ》がいちばんおいしく、生《なま》で食《た》べるほか、カキフライ、焼《や》き牡蠣《がき》、炊《た》きこみごはんなどにします。プリプリした歯《は》ごたえを楽《たの》しみながら口に入れると、海《うみ》の香《かお》りとねっとりしたうまみ。あぁ、たまらん。

行《ゆ》く年《とし》や石にくひ《（い）》っつく牡蠣《かき》の殻《から》

正岡子規《まさおかしき》

おでん

だしに味《あじ》をつけ、はんぺん、ちくわ、こんにゃく、大根《だいこん》、ゆでたまごなどを煮《に》こむ料理《りょうり》。全《ぜん》国《こく》にあるが、地域《ちいき》によって中身《なかみ》が少《すこ》しずつちがうのがおもしろい。最近《さいきん》はコンビニエンスストアでも売《う》られており、寒《さむ》い日におでんから湯気《ゆげ》がたちのぼるのを見るとホッとします。

仲直《なかなお》りしたくておでん温《あたた》める

瀬戸優理子《せとゆりこ》

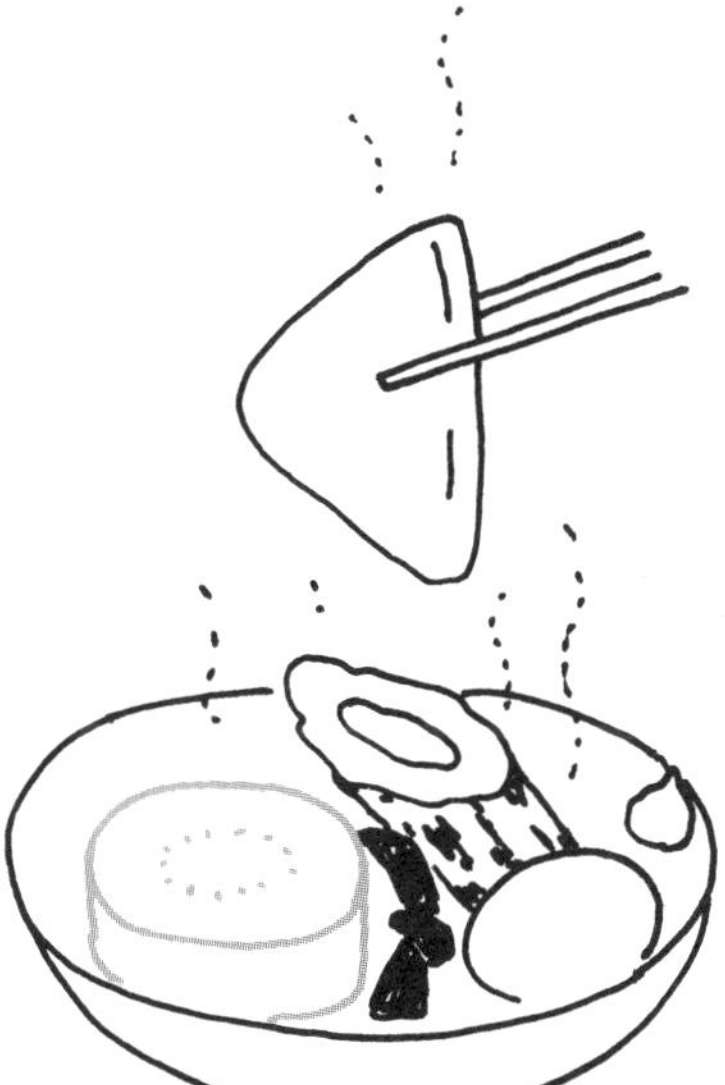

【白菜《はくさい》】

たてながの葉《は》っぱが重《かさ》なってできる野菜《やさい》。外側《そとがわ》は黄緑色《きみどりいろ》で、内《うち》側《がわ》にいくほど白っぽい。明治時《めいじじ》代《だい》に栽培《さいばい》されるようになり、いまでは漬《つ》けものや鍋料理《なべりょうり》に欠《か》かせない冬《ふゆ》の味覚《みかく》。生《なま》で食《た》べるとシャキシャキした食感《しょっかん》が楽《たの》しめ、煮《に》こむととろりとあまくやわらかくなります。

【大根《だいこん》】

白い、太《ふと》くて長《なが》い根《ね》っこを食《た》べる冬《ふゆ》の野菜《やさい》。大根《だいこん》おろしや刺身《さしみ》のツマ（そえもの）として生《なま》で食《た》べるほか、加熱《かねつ》するとあまみがでるのでみそ汁《しる》や煮《に》ものに。漬《つ》けものや切《き》り干《ぼ》し大根《だいこん》にして保存《ほぞん》も可能《かのう》。いろんなメニューに姿《すがた》を変《か》えるすごい野菜《やさい》です。俳句《はいく》では「だいこ」ともいう。

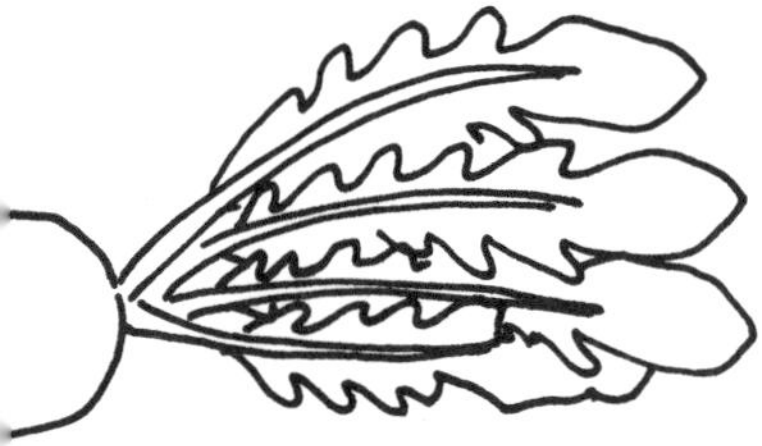

【人参《にんじん》】

オレンジ色《いろ》の太《ふと》い根《ね》っこを食《た》べる野菜《やさい》。あまさと独特《どくとく》の香《かお》りをもち、カレーやシチューの具材《ぐざい》でおなじみです。ほかにもサラダ、スープ、天ぷらなどつかい道《みち》は豊富《ほうふ》。栄養《えいよう》がたくさん含《ふく》まれているうえに、明《あか》るい色《いろ》が料《りょう》理《り》をはなやかにします。冬《ふゆ》のはじめがもっともおいしい。

4B《よんビー》で描《か》く白菜《はくさい》の断面図《だんめんず》
浦川聡子《うらかわさとこ》

大根引《だいこひ》き大根《だいこ》で道《みち》を教《おし》へ《(え)》けり
小林一茶《こばやしいっさ》

にんじんをあげた分《ぶん》だけ馬《うま》なでる
井口栞《いぐちしおり》

【かぶ、かぶら（蕪）】

丸《まる》い球《たま》の形《かたち》をした根《ね》っこを食《た》べる野菜《やさい》。日本では千年以上前《いじょうまえ》から栽培《さいばい》され、各地《かくち》にいろいろな種類《しゅるい》があります。白いかぶが一般的《いっぱんてき》ですが、赤やむらさきも。漬《つ》けものやシチュー、煮《に》ものにします。葉《は》っぱも煮《に》たり炒《いた》めたりして食《た》べます。

大根引《だいこひ》くあとや蕪引《かぶひ》く拍子《ひょうし》ぬけ
正岡子規《まさおかしき》

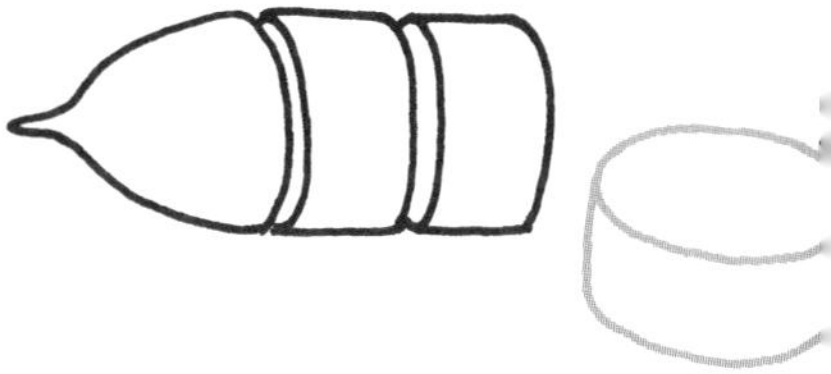

おてんき

【しぐれ（時雨）】

秋《あき》のおわりから冬《ふゆ》にかけて、雨が降《ふ》ったりやんだりする天気のこと。そんな日は、昼間《ひるま》でも風景全体《ふうけいぜんたい》に色《いろ》がとぼしく、さびれた感《かん》じがします。にぎやかだった夏《なつ》は遠《とお》いかなたに過《す》ぎ去《さ》って、しーんと静《しず》かな冬《ふゆ》がやってくる…そんなしみじみとした気持《きも》ちになります。

しぐるるや駅《えき》に西口東口《にしぐちひがしぐち》

安住敦《あずみあつし》

【寒《さむ》し】

俳句《はいく》には寒《さむ》さをあらわすことばがいろいろあります。**底冷《そこびえ》**は体《からだ》の底《そこ》まで冷《ひ》える感覚《かんかく》。**厳寒《げんかん》**、**極寒《ごっかん》**はこれ以上《いじょう》ないくらいめちゃくちゃ寒《さむ》いこと。寒《さむ》しは日常《にちじょう》にある寒《さむ》さでしょうか。山も川も魚屋《さかなや》さんの店先《みせさき》も学校の廊下《ろうか》も寒《さむ》い。体《からだ》が自然《しぜん》にちぢこまります。

あと少《すこ》し寒《さむ》さに耐《た》えるヒザ小僧《こぞう》

中学二年生

こがらし（凩）

木枯《こが》らしとも書《か》き、木を枯《か》れさせるほど強《つよ》く吹《ふ》く風《かぜ》のこと。秋《あき》の終《お》わりから冬《ふゆ》にかけて吹《ふ》き、気象庁《きしょうちょう》ではその年にはじめて吹《ふ》いたこがらしを「木枯《こが》らし一号《ごう》」として発表《はっぴょう》します。落《お》ち葉《ば》を舞《ま》いあげる荒々《あらあら》しい風《かぜ》に、さあ、本《ほん》格的《かくてき》な冬《ふゆ》の到来《とうらい》を覚悟《かくご》しなければ。

凩《こがらし》や鞄《かばん》の中《なか》に楽譜《がくふ》あり

林徹《はやしてつ》

小春《こはる》

十一月から十二月のはじめごろの、春《はる》のようにぽかぽかとあたたかい日。小さな春《はる》のようなので**小春日《こはるび》**、**小春日和《こはるびより》**などといいます。同《おな》じ時期《じき》の**小六月《ころくがつ》**という季語《きご》は「冬《ふゆ》なのに汗《あせ》をかくほどあたたかく、なんだか小さな六月みたい」という日につかいます。

小春日《こはるび》や石を噛《か》みいる赤蜻蛉《あかとんぼ》

村上鬼城《むらかみきじょう》

【北風《きたかぜ》】

北《きた》から吹《ふ》いてくる冷《つめ》たい風《かぜ》。本州《ほんしゅう》では、山脈《さんみゃく》にぶつかった北風《きたかぜ》が日本海側《にほんかいがわ》にたくさんの雪《ゆき》を降《ふ》らせます。そして山を越《こ》えて太平洋側《たいへいようがわ》に吹《ふ》く北風《きたかぜ》は乾燥《かんそう》した強《つよ》い風《かぜ》。北風《きたかぜ》が強《つよ》く吹《ふ》く日は、**コートやマフラー**をしっかり着《き》こんで、エイヤッと気合《きあ》いを入れ家《いえ》をでます。

水平線《すいへいせん》あるのみ青《あお》い北風《きたかぜ》に　西東三鬼《さいとうさんき》

【霜《しも》】

寒《さむ》い夜《よる》、空気のなかの水蒸気《すいじょうき》がこおって、小さな氷《こおり》の結晶《けっしょう》となり、地面《じめん》や屋根《やね》、草などにつくこと。朝《あさ》になると、霜《しも》がついた場所《ばしょ》はまっ白にかがやいて見えます。土のなかの水分《すいぶん》がこおって地面《じめん》にでてくる氷《こおり》の柱《はしら》は**霜柱**《しもばしら》。サクサクと音を鳴《な》らして踏《ふ》むのは冬《ふゆ》の朝《あさ》の楽《たの》しみ。

霜柱芝生《しもばしらしばふ》の楽器《がっき》できあがり　中学二年生

【つらら（氷柱）】

水のしずくがこおって、棒《ぼう》のような形《かたち》にたれさがったもの。たとえば屋根《やね》につもった雪《ゆき》がとけて、したたり落《お》ちる途中《とちゅう》でこおると軒下《のきした》につららができます。木の枝《えだ》や岩《いわ》などにもできることがあり、光《ひかり》を受《う》けてキラキラとかがやきます。自然《しぜん》がつくる氷《こおり》の芸術《げいじゅつ》。

やねの下《した》つららの親子光《おやこひか》ってる　中学一年生

氷《こおり》

寒《さむ》い日の朝《あさ》、水たまりや池《いけ》に氷《こおり》が張《は》っているのを見かけます。それは前《まえ》の晩《ばん》の気温《きおん》が零度《れいど》をしたまわったため。大きな湖《みずうみ》がこおると、その上を歩《ある》いたりスケートをしたり、氷《こおり》に穴《あな》を開《あ》けて魚釣《さかなつ》りをしたりします。いつも見なれた風景《ふうけい》がすっかり変《か》わっておもしろい。

夕茜沼氷《ゆうあかねぬまこお》るまであと一歩《いっぽ》　橋本美代子《はしもとみよこ》

雪催《ゆきもよい》

空気が冷《ひ》えきっていて、雲《くも》がおもくたれこめ、今《いま》にも雪《ゆき》がふってきそうだ、という天気をいいます。目には見えない気配《けはい》をあらわすことば。ふる雪《ゆき》、つもった雪《ゆき》、とける雪《ゆき》だけではなく、ふりそうだけどまだふっていない雪《ゆき》までが季語《きご》になるなんてすごい！

綾取《あやと》りの橋《はし》が崩《くず》れる雪催《ゆきもよい》

佐藤鬼房《さとうおにふさ》

雪《ゆき》しまき

「し」は風《かぜ》のこと、「まき」ははげしく吹《ふ》くこと。はげしく吹《ふ》き荒《あ》れる風《かぜ》のなかで雪《ゆき》が降《ふ》っているようすが雪《ゆき》しまき。家《いえ》や電車《でんしゃ》の窓《まど》から**雪《ゆき》しまく**光景《こうけい》をながめていると、まっ白の世界《せかい》にぽつんととり残《のこ》されたような、しーんとした気持《きも》ちになります。

しまきくる雪《ゆき》のくろみや雲《くも》の間《あい》

内藤丈草《ないとうじょうそう》

寒《さむ》くてきれい、雪《ゆき》の季語《きご》いろいろ

■雪《ゆき》の中《なか》りんごのようにころんだよ　小学六年生

■雪降《ゆきふ》れり時間《じかん》の束《たば》の降《ふ》るごとく　石田波郷《いしだはきょう》

雪《ゆき》は大事《だいじ》な冬《ふゆ》の風景《ふうけい》で、むかしから多《おお》くの俳句《はいく》に登場《とうじょう》してきました。その冬《ふゆ》にはじめて降《ふ》るのは**初雪《はつゆき》**。雪国《ゆきぐに》の人は、初雪《はつゆき》が舞《ま》うと長《なが》く不便《ふべん》な暮《く》らしがはじまることを覚悟《かくご》します。寒《さむ》い日に降《ふ》る**粉雪《こなゆき》**はサラサラしてつもりやすい。つもったところを踏《ふ》むとキュッキュッと音がします。**吹雪《ふぶき》**は強《つよ》い風《かぜ》とともに雪《ゆき》が降《ふ》ること。

美《うつく》しいのは、雪《ゆき》がつもった夜《よる》、雪《ゆき》の白さであたりがぼうっと明《あか》るく見える**雪明《ゆきあか》り**。雪《ゆき》の結晶《けっしょう》は六角形《かくけい》をしているので、雪《ゆき》のことを**六花《ろっか》**ともいう。なかなかおしゃれなことばです。

おもしろいところでは**雪女《ゆきおんな》**なんて季語《きご》もあります。雪《ゆき》の妖怪《ようかい》で、白い着物《きもの》を着《き》た女の姿《すがた》をしているとか。雪《ゆき》が降《ふ》る夜《よる》、窓《まど》の外《そと》に雪女《ゆきおんな》が立っていたら……ひゃーおそろしい！

■あかんぼに紅《あか》き唇《くちびる》雪明《ゆきあか》り　中村草田男《なかむらくさたお》

■蝋燭《ろうそく》の周《まわ》りは暗《くら》し雪女《ゆきおんな》　富樫風花《とがしふうか》

どうぶつ

【くま（熊）】

日本にいるくまは、体長《たいちょう》が二メートル以上《いじょう》もある大きなヒグマと、胸《むね》に白い三日月《みかづき》もようが入っているツキノワグマ。冬《ふゆ》になると冬眠《とうみん》し、その時期《じき》に猟師《りょうし》さんは山へ入ってくまを撃《う》ちます。穴《あな》のなかでじっと春《はる》を待《ま》つくまの姿《すがた》を想像《そうぞう》すると、冬山《ふゆやま》の静《しず》けさを感《かん》じます。

熊《くま》の子《こ》がころんでは空掴《そらつか》み立《た》つ

笠井《かさい》亞《あ》子《こ》

【きつね（狐）】

本州《ほんしゅう》と四国《しこく》と九州《きゅうしゅう》にはホンドギツネが、北海道《ほっかいどう》にはキタキツネがすんでいます。黄色《きいろ》い毛《け》をもち、耳は三角《さんかく》でしっぽが太《ふと》い。かつては冬《ふゆ》に猟師《りょうし》が撃《う》って皮《かわ》をとりました。西洋《せいよう》のお話《はなし》ではずるがしこい性格《せいかく》でえがかれることが多《おお》く、日本のむかし話《ばなし》では化《ば》ける動物《どうぶつ》。

母《はは》と子《こ》のトランプ狐啼《きつねな》く夜《よ》なり

橋本《はしもと》多《た》佳《か》子《こ》

【たぬき（狸）】

猫《ねこ》よりやや大きい、茶色《ちゃいろ》い毛《け》をした動物《どうぶつ》。毛《け》が長《なが》いのでずんぐりした体型《たいけい》に見えます。全《ぜん》国《こく》の山にすんでいて、かつて**たぬき汁《じる》**は冬《ふゆ》のごちそうでした。むかし話《ばなし》にもよくでてきて、日本人にはおなじみ。毛皮《けがわ》は帽子《ぼうし》やマフラーに、やわらかい毛《け》は筆《ふで》になります。

枯野原《かれのはら》汽車《きしゃ》に化《ば》けたる狸《たぬき》あり

夏目漱石《なつめそうせき》

【うさぎ（兎）】

小さくて、耳が長《なが》いけもの。色《いろ》は茶色《ちゃいろ》、灰色《はいいろ》、黒《くろ》、白など。後《うし》ろあしが大きく、草原《そうげん》や山の斜面《しゃめん》をピョンピョンとはねるように走《はし》ります。冬《ふゆ》にうさぎを狩《か》り、毛皮《けがわ》を利用《りよう》したり肉《にく》を食《た》べる風習《ふうしゅう》は世界中《せかいじゅう》にあります。かわいらしく、おとなしいのでペットにも向《む》く。

本能《ほんのう》の穴掘《あなほ》る兎冬《うさぎふゆ》ざるる

中村里子《なかむらさとこ》

【たか（鷹）】

山や森にすむ鳥《とり》で、羽《はね》をひろげると一メートル以上《いじょう》になります。さらに大型《おおがた》のものが**わし（鷲）**で、同《おな》じく冬《ふゆ》の季語《きご》。するどいくちばしと爪《つめ》をもち、小鳥《ことり》やねずみなどをつかまえて食《た》べます。どうどうと空に舞《ま》いあがる姿《すがた》はかっこよく、森の王さまの風格《ふうかく》があります。

鷹《たか》のつらきびしく老《お》いて哀《あわ》れなり　村上鬼城《むらかみきじょう》

【くじら（鯨）】

海《うみ》にすむどうぶつで、地球上《ちきゅうじょう》でいちばん体《からだ》が大きい。むかしから食用《しょくよう》にしたり、骨《ほね》やヒゲを加工《かこう》して道具《どうぐ》をつくったり、油《あぶら》をあかりの燃料《ねんりょう》にするなど、なじみぶかい。かつては冬《ふゆ》に鯨漁《くじらりょう》をすることが多《おお》かったそうです。ゆうゆうと泳《およ》ぐくじらは世界中《せかいじゅう》で愛《あい》されています。

蒼天《そうてん》と碧海《へきかい》にのみ居《い》る鯨《くじら》　久米正雄《くめまさお》

水鳥《みずどり》

鴨《かも》、おしどりなど、冬《ふゆ》に湖《みずうみ》や川や海《うみ》に浮《う》いている鳥《とり》のこと。寒《さむ》い冬《ふゆ》でも水の上で暮《く》らせるのは、あたたかくて水をはじく羽《う》毛《もう》がびっしり生《は》えているおかげです。水に浮《う》いたまままねむる水《みず》鳥《とり》の姿《すがた》は浮寝鳥《うきねどり》というおもしろい季語《きご》になっています。

水鳥《みずどり》の重《おも》たく見《み》へ《（え）》て浮《う》きにけり　上島鬼貫《うえじまおにつら》

白鳥《はくちょう》

全身《ぜんしん》が白く、首《くび》が長《なが》い大きな鳥《とり》。冬《ふゆ》になるとシベリアなどから日本の湖《みずうみ》に飛《と》んできて、春《はる》までを過《す》ごします。羽《はね》をひろげると二メートルを超《こ》すオオハクチョウと、それよりやや小さく首《くび》が太《ふと》めのコハクチョウ。群《む》れて飛《と》ぶ姿《すがた》も、長《なが》い首《くび》をのばして羽《はね》をつくろう姿《すがた》も優雅《ゆうが》です。

白鳥《はくちょう》よ岸辺《きしべ》に立《た》つときはひとり　近恵《こんけい》

しょくぶつ

【落葉《おちば》】

さくら、もみじ、イチョウなど多《おお》くの木が、秋《あき》のおわりから冬《ふゆ》にかけて葉《は》っぱを落《お》とします。庭《にわ》や公園《こうえん》には落《お》ち葉《ば》がしきつめられ、その上を歩《ある》くとカサコソと音がします。**柿落葉《かきおちば》**、**銀杏落葉《いちょうおちば》**など木の名前《なまえ》をつけていうことも。すべての葉《は》が落《お》ちると本格的《ほんかくてき》な冬《ふゆ》。

猫《ねこ》の子《こ》がちょいと押《おさ》へ《(え)》る落葉《おちば》かな

小林一茶《こばやしいっさ》

【枯木《かれき》】

葉《は》っぱがすべて落《お》ちてしまった木のこと。枯《か》れているわけではなく、春《はる》の芽吹《めぶ》きにそなえてじっと力をたくわえています。葉《は》っぱがなくて枝《えだ》が丸《まる》見えなので**裸木《はだかぎ》**ともいい、枯木《かれき》がならんでいるのは**枯木立《かれこだち》**。さびしくもあり、どこかおごそかな感《かん》じもする風景《ふうけい》です。

あの遠《とお》き枯木《かれき》なんの木《き》なんの鳥《とり》

中村苑子《なかむらそのこ》

【すいせん（水仙）】

年末《ねんまつ》から春先《はるさき》にかけて白や黄色《きいろ》の花を咲《さ》かせる草。茎《くき》と葉《は》は細長《ほそなが》い。海岸《かいがん》の近《ちか》くに群《む》れて咲《さ》くほか、庭《にわ》や花壇《かだん》にもよく植《う》えられています。寒《さむ》い風《かぜ》や霜《しも》にたえて咲《さ》く花は、かれんで清楚《せいそ》なイメージ。切《き》り花《ばな》として花《か》びんにいけると、部屋《へや》の空気がキリリと引《ひ》きしまります。

水仙《すいせん》の花鼻《はなはな》かぜの枕元《まくらもと》

夏目漱石《なつめそうせき》

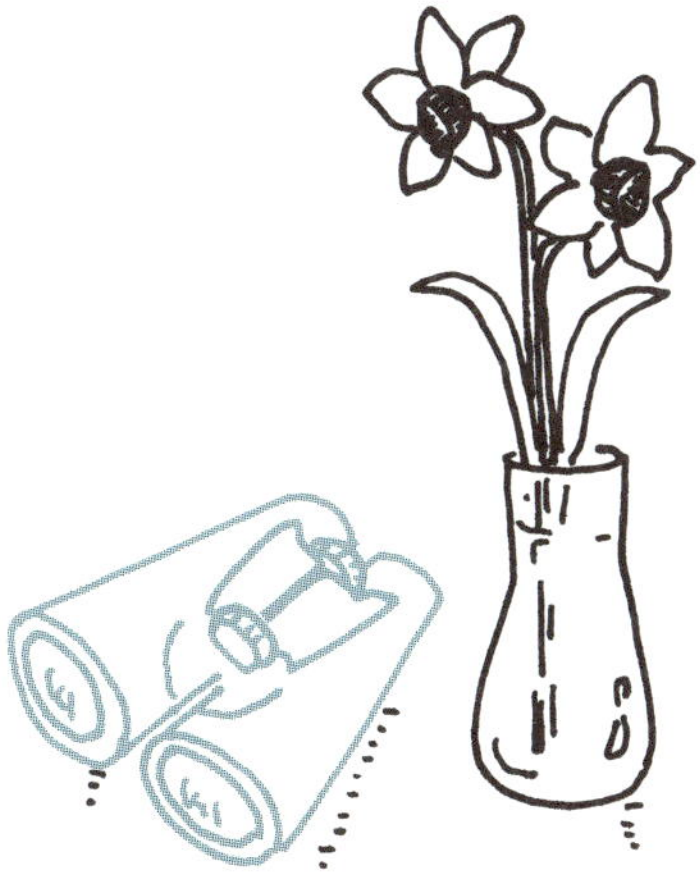

【ろうばい（蝋梅）】

一月から二月にかけて小さな黄色《きいろ》い花が咲《さ》く木。下向《したむ》きにちらほらとつく花は香《かお》りがいい。なんといっても半透明《はんとうめい》でつやがある、ろう細《ざい》工《く》のような花びらが特徴《とくちょう》です。江戸時代《えどじだい》に中《ちゅう》国《ごく》から伝《つた》わり、庭《にわ》に植《う》えたり、生《い》け花《ばな》につかったり、愛《あい》されてきました。

蝋梅《ろうばい》や枝《えだ》まばらなる時雨《しぐれ》ぞら

芥川龍之介《あくたがわりゅうのすけ》

おもしろいことば

【鎌鼬《かまいたち》】

空気が乾燥《かんそう》する冬《ふゆ》、なにかのはずみで皮膚《ひふ》が切《き》れること。するどい刃物《はもの》で切《き》られたような傷《きず》ができると、むかしの人は「かまいたちにやられた」と考《かんが》えました。かまいたちとは、つむじ風《かぜ》に乗《の》ってあらわれて人を傷《きず》つける妖《よう》怪《かい》。妖怪《ようかい》が季語《きご》なんておもしろいな。

鎌鼬漢字《かまいたちかんじ》でなけりゃ凄味《すごみ》がない

鈴木石夫《すずきいしお》

【虎落笛《もがりぶえ》】

強《つよ》い風《かぜ》が柵《さく》や竹垣《たけがき》、電線《でんせん》などにあたって「ヒューヒュー」と音がなること。虎落《もがり》とは、むかし中国《ちゅうごく》でトラをふせぐために立てた竹の柵《さく》です。風《かぜ》が泣《な》いているようなさびしい音ですが、でもなぜかひきつけられて、耳をすまして聞《き》いてしまいます。

もがり笛風《ぶえかぜ》の又三郎《またさぶろう》やあーい

上田五千石《うえだごせんごく》

帰《かえ》り花《ばな》

ほんらいは春《はる》に花が咲《さ》く草木が、**小春日和《こはるびより》**の あたたかさにさそわれて季節《きせつ》はずれの花を咲《さ》かせることをいいます。桜《さくら》、やまぶき、桃《もも》、つつじ、たんぽぽなどでそういうことが起《お》こります。時期《じき》をまちがえて咲《さ》いてしまった花がけなげでもあり、かわいそうでもあり……。

帰《かえ》り花《ばな》少《すこ》し走《はし》って息切《いきき》れて

細川加賀《ほそかわかが》

風花《かざはな》

空が晴《は》れているとき、どこからともなくちらちらと舞《ま》い落《お》ちてくる小さな雪《ゆき》のこと。遠《とお》くで降《ふ》った雪《ゆき》が風《かぜ》に乗《の》って飛《と》んでくるのです。それが空をただよう花びらのように見えるので風花《かざはな》といいます。地面《じめん》に落《お》ちるとすぐにとけて消《き》えてしまうはかない雪《ゆき》。

風花《かざはな》の大《おお》きく白《しろ》くひとつ来《く》る

阿波野青畝《あわのせいほ》

【冬《ふゆ》ざれ】

冬《ふゆ》になると草や木が枯《か》れて、風景《ふうけい》が色《いろ》あせていきます。空は灰色《はいいろ》、野原《のはら》は茶色《ちゃいろ》、川の水は黒《くろ》っぽく、元気《げんき》に動《うご》くものはなにもない……そんなさびれたようすをあらわすことば。**冬《ふゆ》ざるる**というつかい方《かた》もします。荒《あ》れ果《は》てた風景《ふうけい》は映画《えいが》やドラマのワンシーンのようです。

冬《ふゆ》ざれの小村《こむら》を行《い》けば犬吠《いぬほ》ゆる
正岡子規《まさおかしき》

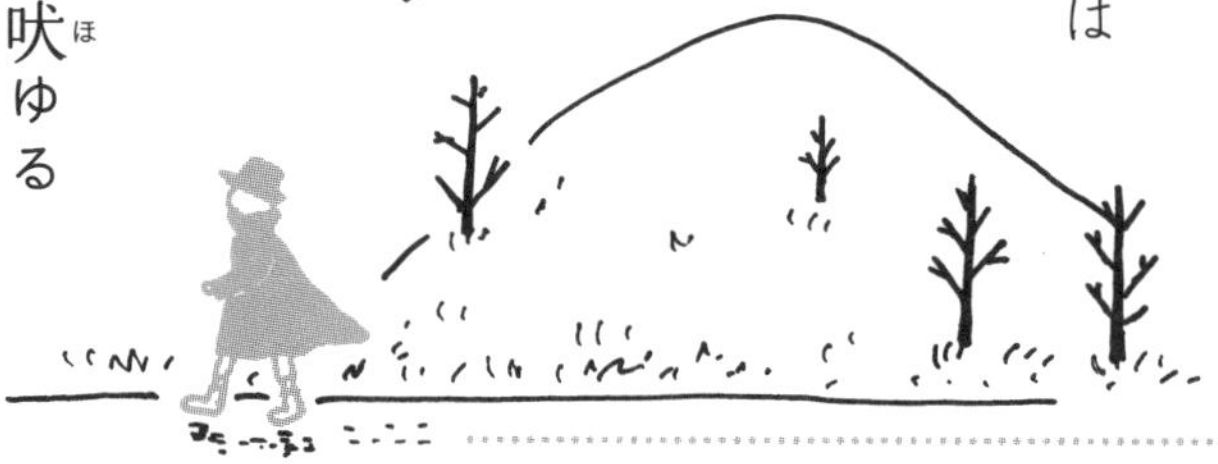

【冬将軍《ふゆしょうぐん》】

冬《ふゆ》のきびしい寒《さむ》さを、軍隊《ぐんたい》のリーダーである将軍《しょうぐん》になぞらえていうことば。北《きた》のほうから寒《さむ》さを引《ひ》き連《つ》れて将軍《しょうぐん》がやってくるイメージです。冬将軍《ふゆしょうぐん》がくると、日本海側《にほんかいがわ》では雪《ゆき》が降《ふ》り、太平洋側《たいへいようがわ》では冷《つめ》たい風《かぜ》が吹《ふ》き荒《あ》れ、「寒《さむ》さには勝《か》てないよ」とぼやきたくなります。

づかづかと近寄《ちかよ》りて来《き》し冬将軍《ふゆしょうぐん》
下村《しもむら》まさる

【短日《たんじつ》】

冬《ふゆ》は夏《なつ》にくらべて日照時間《にっしょうじかん》が短《みじか》い。いろいろとやりたいことがあっても、一日があっという間《ま》に過《す》ぎていきます。短日《たんじつ》ということばには、「あー、もう日が暮《く》れちゃった」とおどろき、がっかりする気持《きも》ちがこめられています。同《おな》じ意味《いみ》に**暮早《くれはや》し**という季語《きご》も。

短日《たんじつ》や獣《けもの》の檻《おり》に岩《いわ》ひとつ　小澤克己《おざわかつみ》

【寒卵《かんたまご》】

ニワトリが寒《さむ》い時期《じき》に産《う》むたまご。かつて、冬《ふゆ》のたまごは栄養《えいよう》が豊富《ほうふ》で長《なが》もちするいいたまごだといわれました。現代《げんだい》では季節《きせつ》による品質《ひんしつ》のちがいはほとんどありませんが、寒卵《かんたまご》という季語《きご》はいいもの、うれしいものとしてつかわれています。冬《ふゆ》にいただくいのちです。

寒卵《かんたまご》薔薇《ばら》色《いろ》させる朝《あさ》ありぬ　石田波郷《いしだはきょう》

【ふくら雀《すずめ》】

寒《さむ》い日、すずめは全身《ぜんしん》の羽毛《うもう》をふくらませ、なかに空気を入れてあったまります。人間《にんげん》だったら、ダウンジャケットを着《き》てモコモコ着《き》ぶくれている感《かん》じでしょうか。ふっくらと体《からだ》を丸《まる》くしているスズメの姿《すがた》はかわいらしく、同時に自然《しぜん》の厳《きび》しさも感《かん》じます。**寒雀《かんすずめ》**ともいう。

【竈猫《かまどねこ》】

かまどは、火をつかって料理《りょうり》をするための装置《そうち》。むかしは、その上におかまをのせてごはんを炊《た》きました。これは、寒《さむ》がりの猫《ねこ》が使用《しよう》後《ご》まだぬくもりが残《のこ》るかまどのなかで丸《まる》くなるようすをいう季語《きご》。いまならヒーターの前《まえ》やこたつのなかでぬくぬくする猫《ねこ》のことです。

【数《かぞ》え日《び》】

年末《ねんまつ》になり「今年《ことし》もあと何日《なんにち》だ」と数《かぞ》えるようになる時期《じき》をいう季語《きご》。今年《ことし》もいろんなことがあったなぁとふりかえる気持《きも》ち、あれこれやり残《のこ》したまま今年《ことし》が終《お》わってしまうあせり、来年《らいねん》はどういう年になるんだろうという期待《きたい》……さまざまな心《こころ》で過《す》ごしていきます。

寒雀《かんすずめ》ぱらぱら中《なか》にちがふ《(う)》鳥《とり》　阿部《あべ》みどり女《じょ》

何《なに》もかも知《し》つ《(っ)》てを《(お)》るなり竈猫《かまどねこ》　富安風生《とみやすふうせい》

数《かぞ》へ《(え)》日《び》の夕富士《ゆうふじ》ぽつんと力《ちから》あり　桜井博道《さくらいはくどう》

【暦売《こよみうり》】

年末《ねんまつ》になると、来年《らいねん》のカレンダーが売《う》られるようになります。それを暦売《こよみうり》といい、もう少《すこ》しでつかい切《き》る今年《ことし》のカレンダーを**古暦**《ふるごよみ》と呼《よ》びます。新《あたら》しい年にそなえて新《あたら》しい日記帳《にっきちょう》を買《か》うことは**日記買**《にっきか》**う**。いずれも年越《としこ》しを前《まえ》にいそいそと準備《じゅんび》するようすをあらわす季語《きご》。

今日《きょう》もまた雪《ゆき》の気配《けはい》や暦売《こよみうり》　久保田万太郎《くぼたまんたろう》

【日脚伸《ひあしの》ぶ】

冬《ふゆ》もおわりに近《ちか》づくと、だんだん日が長《なが》くなっていくのを実感《じっかん》します。ついこのあいだまでは夕方《ゆうがた》四時半《じはん》には日が暮《く》れていたのに、気がつくと五時《じ》でもまだ明《あか》るい。そんな小さな発見《はっけん》も、もうすぐ春《はる》だという証拠《しょうこ》。なんとなく心《こころ》が前向《まえむ》きになるうれしい季語《きご》です。

日脚伸《ひあしの》ぶといへ《(え)》ば大《おお》きくうなづ《(ず)》きぬ

京極杞陽《きょうごくきよう》

【春待《はるま》つ】

「もうすぐ春《はる》だ」と思《おも》うだけで、心《こころ》がうきうきしてきます。とくに寒《さむ》さがきびしい土地《とち》では、春《はる》を待《ま》ちこがれる気持《きも》ちは強《つよ》い。だからこそ空の色《いろ》、風《かぜ》の温度《おんど》、雪《ゆき》の下にのぞく土のようすなどに、ほんのわずかな春《はる》のきざしを感《かん》じるだけでホッとします。

地《ち》の底《そこ》にあるもろもろや春《はる》を待《ま》つ

松本《まつもと》たかし

隣《とな》りの季節《きせつ》を待《ま》つ気持《きも》ち

わたしは**春隣**《はるどなり》という季語《きご》が大好《だいす》きです。「春《はる》」の字がついているけど、これは冬《ふゆ》の季語《きご》。「春《はる》が、すぐ隣《とな》りまで来《き》ている！」というワクワクした気持《きも》ちをあらわすことばです。似《に》たようなものに、**春近**《はるちか》**し**、**春遠**《はるとお》**からじ**なんていうのも。

■叱《しか》られて目をつぶる猫春隣《ねこはるどなり》　久保田万太郎《くぼたまんたろう》

さて、この「季節《きせつ》＋隣《となり》」という言《い》い方《かた》、じつは四季《しき》それぞれにあります。春《はる》の季語《きご》には**夏隣**《なつどなり》、夏《なつ》の季語《きご》には**秋隣**《あきどなり》、秋《あき》の季語《きご》には**冬隣**《ふゆどなり》。

■木《き》を抱《だ》ける少年《しょうねん》ひとり夏隣《なつどなり》　市堀玉宗《いちほりぎょくそう》

大きな木に抱《だ》きつくと、大きな気持《きも》ちになります。これから夏《なつ》がやってきて、少年《しょうねん》は大人《おとな》になるのかなぁ。

■切手《きって》など買《か》ひ(い)足《た》しおかねば秋隣《あきどなり》　高澤良一《たかざわよしかず》

「そうだ、切手買《きってか》っとかなきゃ」と思《おも》った俳句《はいく》。秋《あき》になったら手紙《てがみ》を書《か》くから夏《なつ》のうちに買《か》い足しておこう、ということでしょうか。

■硝子戸《がらすど》のすべる迅《はや》さや冬隣《ふゆどなり》　仁平勝《にひらまさる》

ガラス戸《ど》がピシャッと閉《し》まった。そのピシャッに冬《ふゆ》が近《ちか》いことを感《かん》じたというおもしろくてするどい俳句《はいく》。

○○忌《き》という季語《きご》

有名人《ゆうめいじん》が亡《な》くなった日を季語《きご》にして俳句《はいく》をつくることがあります。多《おお》いのはやっぱり俳句《はいく》の世界《せかい》の有名人《ゆうめいじん》。たとえば明治時代《めいじじだい》に俳句《はいく》のおもしろさを追求《ついきゅう》した正岡子規《まさおかしき》が亡《な》くなったのは九月十九日で、その日を**子規忌**《しきき》といいます。

■叱《しか》られし思《おも》ひ《(い)》出《で》もある子規忌《しきき》かな　高浜虚子《たかはまきょし》

この句《く》の作者《さくしゃ》・高浜虚子《たかはまきょし》は、子規《しき》の弟子《でし》。子規《しき》の命日《めいにち》に、叱《しか》られたことを思《おも》いだしながらつくった俳句《はいく》でしょうか。

井原西鶴《いはらさいかく》は、江戸時代《えどじだい》に大阪《おおさか》で活躍《かつやく》した文学者《ぶんがくしゃ》。俳句《はいく》もつくりましたが、庶民《しょみん》の暮《く》らしをえがいた読《よ》みもの『好色一代男《こうしょくいちだいおとこ》』が有名《ゆうめい》で、旧暦《きゅうれき》八月十日に亡《な》くなりました。この日は**西《さい》鶴忌《かくき》**という季語《きご》になっています。

■西鶴忌《さいかくき》きつねうどんに揚《あ》げ一《いち》まい　土生重次《はぶしげじ》

きつねうどんの油揚《あぶらあ》げ。ふふふ。西鶴《さいかく》が愛《あい》した大阪《おおさか》の庶民《しょみん》の暮《く》らしが見えるようです。

小林多喜二《たきじ》は昭和《しょうわ》のはじめに活躍《かつやく》した作家《さっか》。『蟹工船《かにこうせん》』などの小説《しょうせつ》に、戦争《せんそう》に反対《はんたい》する人や労働者《ろうどうしゃ》の姿《すがた》を描《えが》きました。それが当時《とうじ》の国《くに》にとっては都合《つごう》が悪《わる》く、警察《けいさつ》で拷問《ごうもん》されて亡《な》くなりました。わずか二十九歳《さい》。命日《めいにち》の二月二十日は**多喜二忌《たきじき》**となりました。

■かなしげな犬《いぬ》の眼《め》に逢《あ》ひ《(い)》多喜二《たきじ》の忌《き》　河野南畦《こうのなんけい》

＊＊＊

別《べつ》のタイプの〇〇忌《き》もあります。昭和《しょうわ》二十年八月六日に広島《ひろしま》、九日に長崎《ながさき》に原爆《げんばく》が落《お》とされました。この両日《りょうじつ》は**原爆忌《げんばくき》**という季語《きご》になっています。

■その朝《あさ》の猫《ねこ》に牛乳原爆忌《ぎゅうにゅうげんばくき》　鳥居《とりい》おさむ

■マウンドの日暮《ひぐ》れは遠《とお》し原爆忌《げんばくき》　高校二年生

原爆《げんばく》が落《お》ちた日も、いつもと変《か》わらない朝《あさ》だったことでしょう。たくさんの子どもも亡《な》くなりました。きっと野球《やきゅう》が大好《だいす》きだった子もいたはずです。

終戦記念《しゅうせんきねん》日の八月十五日は、**敗戦忌《はいせんき》**という季語《きご》になっています。

■割箸《わりばし》の割《わ》れのささくれ敗戦忌《はいせんき》　辻田克巳《つじたかつみ》

今《いま》も世界各地《せかいかくち》で戦争《せんそう》が起《お》きています。平和《へいわ》のなかで俳句《はいく》をつくったり読《よ》んだりできる幸《しあわ》せをグッと噛《か》みしめなくては。

新年

【淑気《しゅくき》】

五秒《びょう》まへ(え)放送室《ほうそうしつ》に淑気《しゅくき》満《み》つ

川崎《かわさき》展宏《てんこう》

新年《しんねん》をむかえて、空にも山にも海《うみ》にも街《まち》にもおめでたさ、すがすがしさが満《み》ちています。いつも見慣《みな》れた家《いえ》のなかも、家《か》族《ぞく》の顔《かお》も、なんだかピカピカして見える。いつもと同《おな》じ道《みち》を通《とお》っているのに、なんだか晴《は》れがましい。そんなお正月《しょうがつ》ならではの気分《きぶん》をあらわす季語《きご》です。

【去年今年《こぞことし》】

十二月三十一日は去年《きょねん》なのに、ひと晩過《ばんす》ぎて一月一日になると今年《ことし》になる。たった一日のちがいで、なんだか世界《せかい》が劇的《げきてき》に変《か》わるみたい。そのふしぎさ、おもしろさをいう季語《きご》です。人間《にんげん》は「新年《しんねん》だ！」と思《おも》うけれど、犬や猫《ねこ》や鳥《とり》はきっと昨日《きのう》と同《おな》じ気持《きも》ちでしょう。

去年今年貫《こぞことしつらぬ》く棒《ぼう》の如《ごと》きもの

高浜虚子《たかはまきょし》

【初日《はつひ》】

一月一日にのぼってくる朝日《あさひ》のこと。**初日《はつひ》の出《で》**ともいいます。むかしの日本人は太陽《たいよう》を神《かみ》さまだと考《かんが》えていました。そのなごりで、暗《くら》いうちから起《お》きて初日《はつひ》がでるのを待《ま》ち、のぼってきた太陽《たいよう》に手をあわせる人もいます。大みそかに夜《よ》ふかしすると見そびれます。

初日《はつひ》の出次《でつぎ》の自分《じぶん》にバトンタッチ

中学三年生

【初詣《はつもうで》】

年が明《あ》けてからはじめて神社《じんじゃ》やお寺《てら》におまいりすること。人気のある神社《じんじゃ》やお寺《てら》には大行列《だいぎょうれつ》ができます。大《おお》みそかの夜《よる》は電車《でんしゃ》も特別《とくべつ》ダイヤで運行《うんこう》するので、夜中《よなか》にでかけて日づけが変《か》わってすぐにおまいりする人も。今年はじめて引《ひ》くおみくじは**初《はつ》みくじ**といいます。

やわらかき母《はは》のうなじや初詣《はつもうで》

鈴木《すずき》伊豫《いよ》

【門松《かどまつ》】

お正月《しょうがつ》に家《いえ》の門《もん》の前《まえ》におく竹や松《まつ》でできた飾《かざ》り。松《まつ》にはお正月《しょうがつ》の神《かみ》さまがやどると考《かんが》えられています。最近《さいきん》では、小ぶりの松《まつ》の枝《えだ》を門《もん》にくくりつけたり、門松《かどまつ》の絵《え》を玄関《げんかん》にはったり、かんたんな方法《ほうほう》も。大切《たいせつ》なのはお正月《しょうがつ》の神《かみ》さまをむかえるおごそかな気持《きも》ち。

犬の子やかくれんぼする門《かど》の松《まつ》

小林一茶《こばやしいっさ》

【鏡餅《かがみもち》】

平《ひら》べったいお餅《もち》の上に、小さいお餅《もち》を重《かさ》ねたもの。お正月《しょうがつ》の神《かみ》さまへおそなえします。てっぺんにくだもののだいだいを乗《の》せますが、これには「家《いえ》が代々《だいだい》つづきますように」と願《ねが》う気持《きも》ちがこめられています。お正月《しょうがつ》がおわるとおしるこなどにして食《た》べます。

【雑煮《ぞうに》】

お餅《もち》を入れた汁《しる》もので、お正月《しょうがつ》に食《た》べます。ざっくり分《わ》けると、東日本《ひがしにほん》では焼《や》いた四角《しかく》いお餅《もち》をすまし汁《じる》にし、西日本《にしにほん》では丸《まる》いお餅《もち》をみそ味《あじ》で煮《に》るのが一般的《いっぱんてき》。さらに地域《ちいき》や家庭《かてい》によって、だし、味《あじ》つけ、入れる具材《ぐざい》にさまざまな特徴《とくちょう》があり、おもしろい。

【年賀状《ねんがじょう》】

新年《しんねん》のあいさつを書《か》いて送《おく》るハガキや手紙《てがみ》。「あけましておめでとう」「賀正《がしょう》」など新年《しんねん》を祝《いわ》うことばを書《か》きます。干支《えと》の動物《どうぶつ》の絵《え》をえがくことも多《おお》い。最近《さいきん》では電子《でんし》メールであいさつを送《おく》ることも多《おお》く、**初《はつ》メール**も新年《しんねん》の季語《きご》になっています。

かがみもちみかんのぼうしかぶってる　小学五年生

蒲鉾《かまぼこ》の紅《べに》あたたかき雑煮《ぞうに》かな　徳川夢声《とくがわむせい》

年賀状《ねんがじょう》今年《ことし》最初《さいしょ》の会話《かいわ》だね　中学一年生

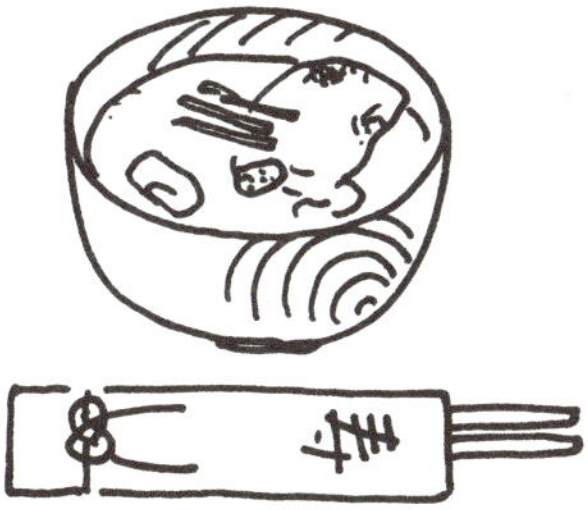

【お年玉《としだま》】

お正月《しょうがつ》におとなから子どもへ贈《おく》られる物《もの》やお金。もともとは神《かみ》さまにそなえたお餅《もち》を、おさがりとして子どもたちに食《た》べさせたのがお年玉《としだま》のはじまりといわれます。子どもにとっては楽《たの》しみな、おとなにとってはがんばって用意《ようい》しなければいけない少《すこ》したいへんな風習《ふうしゅう》です。

お年玉《としだま》くつの数《かず》だけたまってる

小学五年生

【初夢《はつゆめ》】

一月一日から二日にかけての夜《よる》に見る夢《ゆめ》のこと。むかしの人は、初夢《はつゆめ》によって一年の運勢《うんせい》をうらないました。「一《いち》富士《ふじ》、二《に》鷹《たか》、三《さん》茄子《なすび》」といい、富士山《ふじさん》、鷹《たか》、なすがでてくる夢《ゆめ》がよいとされています。なすは「ことを成《な》す（成功《せいこう》させる）」に通《つう》じるから縁《えん》起《ぎ》がいいらしい。

【書き初め《かきぞめ》】

新年《しんねん》にはじめて筆《ふで》で字を書《か》くこと。むかしから一月二日に墨《すみ》をすって、おめでたい詩《し》を書《か》く習《しゅう》慣《かん》がありました。いまでは学校や書道教室《しょどうきょうしつ》で、お正月《しょうがつ》らしいことばや好《す》きなことばを書《か》きます。はじめてすずりをつかうので**初**《はつ》**硯**《すずり》、はじめて筆《ふで》をつかうので**筆**《ふで》**始**《はじめ》ともいいます。

【御降り《おさがり》】

一月一日から三日までのあいだにふる雨や雪《ゆき》のこと。ふつうに「雨が降《ふ》る」というと、雨は涙《なみだ》を連想《れんそう》させるので縁起《えんぎ》が悪《わる》く、「ふる」は「古《ふる》い」ということばに似《に》ていてお正月《しょうがつ》っぽくない。そこで「おさがり」というおめでたい言《い》い方《かた》ができ、新年《しんねん》の季《き》語《ご》になりました。

初夢《はつゆめ》のなかをどんなに走《はし》ったやら　飯島晴子《いいじまはるこ》

病床《びょうしょう》の膝揃《ひざそろ》へ《（え）》けり初硯《はつすずり》　石田波郷《いしだはきょう》

お降《さが》りや竹深《たけふか》ぶかと町《まち》のそら　芥川龍之介《あくたがわりゅうのすけ》

【かるた（歌留多）】

カードをつかったお正月《しょうがつ》の遊《あそ》びで、**いろはがるた**や**百《ひゃく》人一首《にんいっしゅ》**が有名《ゆうめい》。競技《きょうぎ》かるたは明治時代《めいじじだい》にはじまり、漫《まん》画《が》やアニメにもなっています。お正月《しょうがつ》の遊《あそ》びはほかに**双六《すごろく》**、**福笑《ふくわらい》**、**羽根《はね》つき**、**独楽回《こままわ》し**など。家族《かぞく》や親戚《しんせき》が集《あつ》まって遊《あそ》ぶと、おおいに盛《も》りあがります。

学校《がっこう》に畳《たたみ》の間《ま》ある歌留多《かるた》かな　森田峠《もりたとうげ》

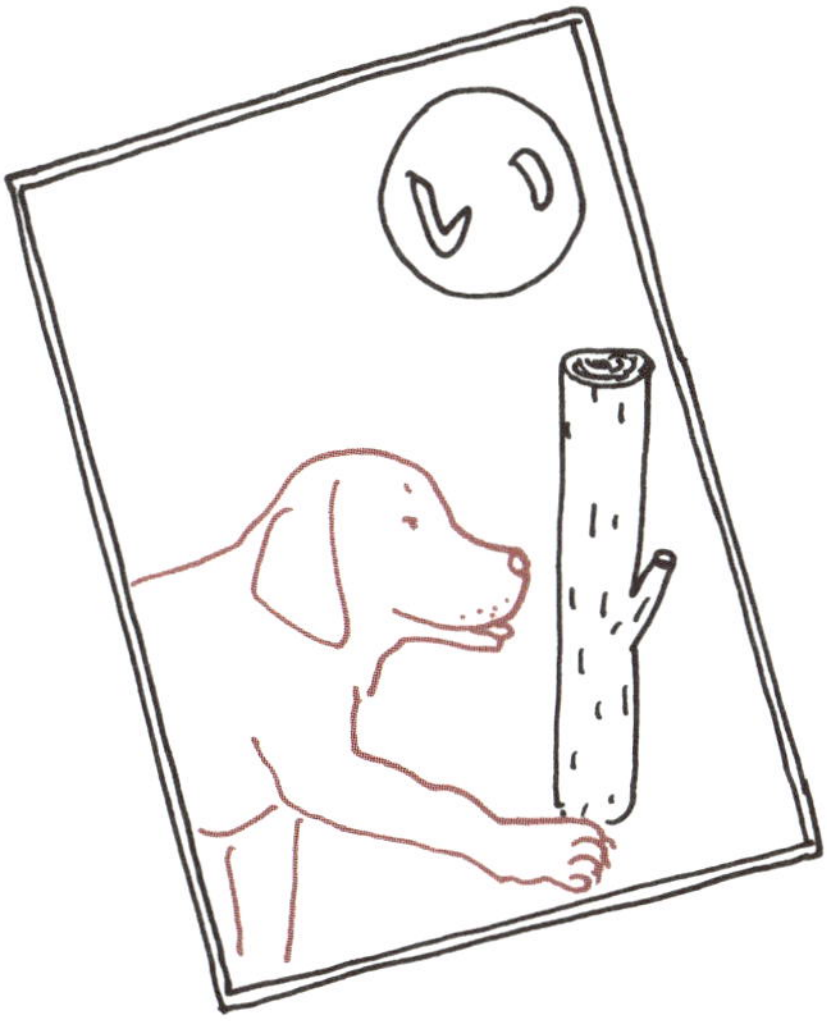

【寝正月《ねしょうがつ》】

お正月《しょうがつ》にどこへもでかけず、家《いえ》でのんびり過《す》ごすこと。多《おお》くの現代人《げんだいじん》は、いそがしすぎます。お正月《しょうがつ》くらい朝寝坊《あさねぼう》して、ぼーっとして、また昼寝《ひるね》して、なにもしないで過《す》ごすぜいたくがあってもいい気がします。たっぷり休んでこそ、また一年がんばれるってもんだ。

正月《しょうがつ》を寝《ね》てしまひけり山《やま》の家《いえ》

小林一茶《こばやしいっさ》

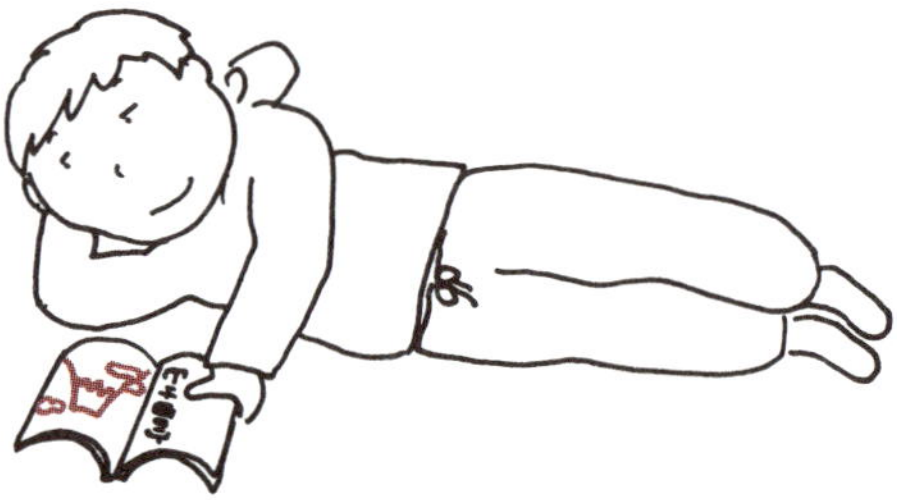

【七草粥《ななくさがゆ》】

一月七日の朝《あさ》に食《た》べる、せりやなずななど七種類《しゅるい》の若菜《わかな》を炊《た》きこんだおかゆ。地域《ちいき》によって、お汁粉《しるこ》にしたり（北海道《ほっかいどう》）ごぼうやこんにゃくを入れたり（東北地方《とうほくちほう》）、豚肉《ぶたにく》を入れたり（沖縄《おきなわ》）とさまざま。これを食《た》べて、いよいよお正月《しょうがつ》もおわりです。

天暗《てんくら》く七種粥《ななくさがゆ》の煮《に》ゆるなり

前田普羅《まえだふら》

出番《でばん》は一週間《いっしゅうかん》だけ。お正月《しょうがつ》の季語《きご》

お正月《しょうがつ》の季語《きご》に、二日《ふつか》、三日《みっか》、四日《よっか》、五日《いつか》、六日《むいか》、七日《なのか》があります。一月二日から七日までが季語《きご》になっているのです。二日といえば、むかしは書《か》き初《ぞ》めをしたり、取引先《とりひきさき》にその年はじめての荷物《にもつ》を送《おく》ったり（初荷《はつに》）する日。銭湯《せんとう》もこの日から開《ひら》いて初湯《はつゆ》を楽《たの》しむ人もいます。

■二日《ふつか》から甲羅《こうら》干《ぼ》しせる池《いけ》の亀《かめ》　高澤良一《たかざわよしかず》

三日までお正月休みで、四日から仕事《しごと》をはじめる人も多《おお》い。

■白少《しろすこ》し透《す》きし三日《みっか》の鏡餅《かがみもち》　森澄雄《もりすみお》

■正月《しょうがつ》の四日《よっか》の月《つき》の朧《おぼろ》かな　河合乙州《かわいおとくに》

五日、六日、七日と過《す》ぎるうちに、だんだん正月気分《きぶん》が抜《ぬ》けてきます。

■水仙《すいせん》にかかる埃《ほこり》も五日かな　松本《まつもと》たかし

■六日はや睦月《むつき》は古《ふ》りぬ雨と風《かぜ》　内藤鳴雪《ないとうめいせつ》

■近《ちか》づけば野山《のやま》のにほ《(お)》ひ《(い)》七日粥《なのかがゆ》　浦川聡子《うらかわさとこ》

お正月というのは特別《とくべつ》な時期《じき》で、「今日《きょう》は二日だ」「三日になった」「ついに四日だ」と毎《まい》日《にち》を意識《いしき》しながら過《す》ごすんですね。

おわりに

この本をつくっている途中《とちゅう》、わたしはある俳句《はいく》の前《まえ》で「うーむ」と首《くび》をかしげました。

朝寝《あさね》して寝返《ねがえ》りうてば昼寝《ひるね》かな　渥美清《あつみきよし》

朝寝坊《あさねぼう》と昼寝《ひるね》が大好《だいす》きなわたしにとって、一度聞《いちどき》いたら忘《わす》れられない俳句《はいく》です。作《さく》者《しゃ》の渥美清《あつみきよし》さんは、映画《えいが》「男はつらいよ」で寅《とら》さんを演《えん》じた俳優《はいゆう》。旅《たび》から旅《たび》へと暮《く》らす寅《とら》さんが、安宿《やすやど》でゴロンと横《よこ》になっている姿《すがた》が目に浮《う》かびます。いい句《く》だなぁ。でもこれ、季節《きせつ》はいつでしょう。「朝寝《あさね》」は春《はる》の季語《きご》ですが、「昼寝《ひるね》」は夏《なつ》の季語《きご》です。うーむ。今回《こんかい》は、監修《かんしゅう》の斉田仁《さいだじん》先生に相談《そうだん》して、「昼寝《ひるね》」を季語《きご》として夏《なつ》に入《い》れました。

俳句《はいく》には季語《きご》をひとつ入れるのがルール、ですが、ときどき季語《きご》が入ってない俳句《はいく》もあるし、この「朝寝《あさね》&昼寝《ひるね》」句《く》のように季語《きご》がふたつ入っているのもある。なかには五・七・五ですらない自由律俳句《じゆうりつはいく》もあります。夏《なつ》の「どうぶつ」のところに載《の》せた、

蜥蜴《とかげ》の切《き》れた尾《お》がはねている太陽《たいよう》　尾崎放哉《おざきほうさい》

は自由律俳句《じゆうりつはいく》です。

わたしも俳句《はいく》をはじめてから知《し》ったのですが、俳句《はいく》って思《おも》ったよりずっと自由《じゆう》な遊《あそ》びなのです。しみじみできる俳句《はいく》もあれば、ゲラゲラ笑《わら》える俳句《はいく》もある。だからみなさんも、「季語《きご》の使《つか》い方《かた》を間違《まちが》えたらいけない」とか「名句《めいく》をおぼえなきゃ」なんてまじめになりすぎぬよう、くれぐれも気をつけてくださいね。

この本《ほん》を読《よ》んでくれたみなさんが、季語《きご》をおもしろがったり、俳句《はいく》をつくったりしながら、のびのびした気持《きも》ちで世界《せかい》をひろげてくれたら、とてもうれしいです。そうそう、このあいだフランスのパリに行《い》ったとき本屋《ほんや》さんをのぞいたら、俳句《はいく》の本のコーナーがありました。いまや俳句《はいく》はｈａｉｋｕとして世界中《せかいじゅう》で愛《あい》されています。だからもし、いまあなたが家《いえ》のなかで寝転《ねころ》んでこの本を読《よ》んでいたとしても、俳句《はいく》にワクワクする気持《きも》ちは世界《せかい》とつながっています。

最後《さいご》に、芭蕉《ばしょう》さん、子規《しき》さんをはじめとして、いい俳句《はいく》をたくさんつくってくれた先輩《せんぱい》たちに心《こころ》からの感謝《かんしゃ》を。

２０１７年《ねん》秋深《あきふか》む　金井　真紀

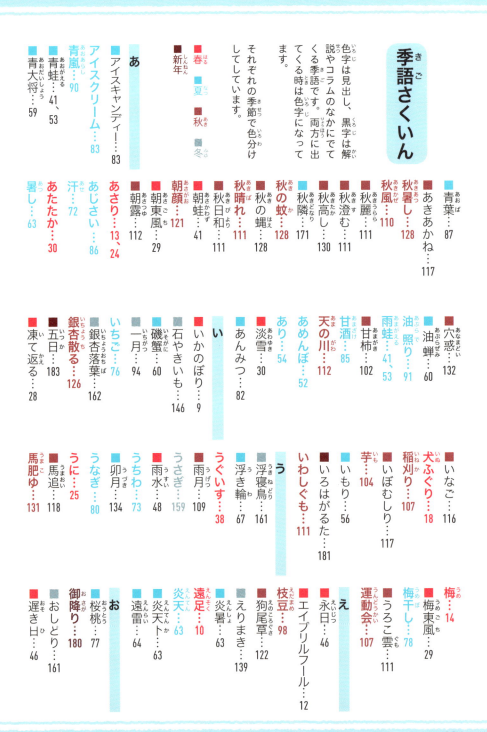

季語《きご》さくいん

色字《いろじ》は見出し、黒字《くろじ》は解説《かいせつ》やコラムのなかにでてくる季語《きご》です。両方《りょうほう》に出《で》てくる時《とき》は色字《いろじ》になってます。

それぞれの季節《きせつ》で色分《いろわ》けしてしてしています。

■春《はる》 ■夏《なつ》 ■秋《あき》 ■冬《ふゆ》 ■新年《しんねん》

な

に

ね

の

は

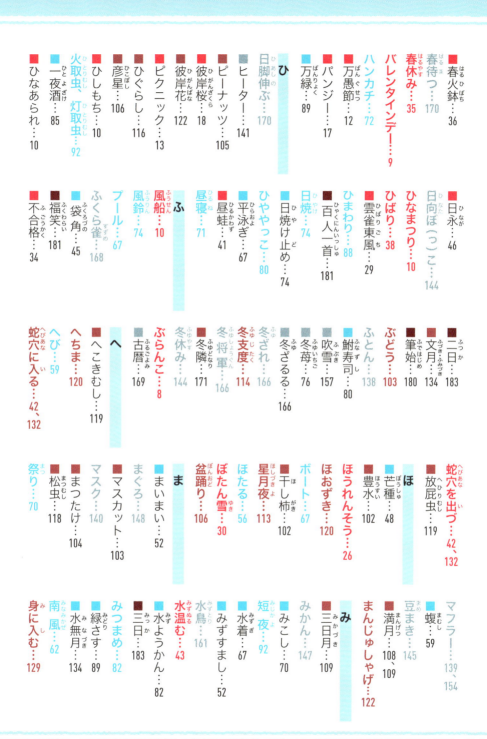

金井真紀（かない・まき）

1974年千葉県生まれ。文筆家・イラストレーター。30代半ばから俳句で遊ぶ。著書に『はたらく動物と』（ころから）、『パリのすてきなおじさん』（柏書房）、『虫ぎらいはなおるかな？』（理論社）、『日本に住んでる世界のひと』（大和書房）、『おばあちゃんは猫でテーブルを拭きながら言った 世界ことわざ紀行』（岩波書店）、『世界はフムフムで満ちている』（ちくま文庫）など。

斉田仁（さいだ・じん）

1937年群馬県生まれ。俳誌「麦」同人。俳句雑誌「塵風」代表人。
著書に『異熟』（西田書店）。

協力　現代俳句協会
＊本文中の子どもたちの例句は「現代俳句協会ジュニア俳句」の入選作を掲載させていただきました。

＊子どもの歳時記のため、例句の旧仮名遣いは、現代仮名遣いに直したり、現代仮名遣いの読み方をかたわらにふりました。
＊例句の漢字の読み方は、できる限り作者、著作権継承者、関係者に問い合わせましたが、一部判断がつかないところは一般的な読み方に倣いました。
参考文献　『俳句歳時記　第四版』（角川学芸出版）『日本大歳時記』（講談社）『俳句発想法歳時記』ひらの こぼ著『子規に学ぶ俳句365日』週刊俳句＝編『虚子に学ぶ俳句 365 日』週刊俳句＝編（以上、草思社）『三省堂国語辞典　第七版』（三省堂）
編集協力　中村史江

子どもおもしろ歳時記

2017年11月　初版
2023年 8月　第6刷発行

文・絵　金井真紀
選句・監修　斉田仁
発行者　鈴木博喜
編集　芳本律子
発行所　株式会社理論社
〒101-0062　東京都千代田区神田駿河台 2-5
電話 営業 03-6264-8890　編集 03-6264-8891
URL https://www.rironsha.com

装幀・本文レイアウト　久保頼三郎
印刷・製本　中央精版印刷

ISBN978-4-652-20232-6　NDC810　A5 判　22cm　192P
